새로 쓰는
초등
수학 교과서

새로 쓰는 초등 수학 교과서
분수
ⓒ 나온교육연구소, 2007

초판 1쇄 펴낸날 2007년 7월 10일
초판 5쇄 펴낸날 2015년 3월 10일

지은이 나온교육연구소
펴낸이 이건복
펴낸곳 도서출판 동녘

전무 정락윤
주간 곽종구
편집 구형민 이정신 최미혜 박은영 이환희 사공영
미술 조하늘 고영선
영업 김진규 조현수
관리 서숙희 장하나

일러스트레이션 이경민 **사진** 김세영
인쇄·제본 영신사 **라미네이팅** 북웨어 **종이** 한서지업사

등록 제311-1980-01호 1980년 3월 25일
주소 (413-120) 경기도 파주시 회동길 77-26
전화 영업 031-955-3000 편집 031-955-3005 전송 031-955-3009
블로그 www.dongnyok.com **전자우편** editor@dongnyok.com

ISBN 978-89-7297-534-2 73410
ISBN 978-89-7297-532-8 (세트)

- 잘못 만들어진 책은 바꿔 드립니다.
- 책값은 뒤표지에 쓰여 있습니다.
- 책에 실린 모든 자료의 저작권 문제 해결을 위해 최선의 노력을 다했지만, 누락된 것이 있을 경우 알려주시면 해당 저작권자와 적법한 계약을 맺을 것입니다.
- 이 도서의 국립중앙도서관 출판시도서목록(CIP)은 e-CIP홈페이지(http://www.nl.go.kr/ecip)와 국가자료공동목록시스템(http://www.nl.go.kr/kolisnet)에서 이용하실 수 있습니다.
 (CIP제어번호: CIP2007001992)

새로 쓰는
초등 수학 교과서
분수

박영훈 책임집필 · 나온교육연구소 지음

어린 수학자들에게

《새로 쓰는 초등 수학 교과서》에 발을 디딘 어린이 여러분을 환영합니다. 책 이름이 왜 《새로 쓰는 초등 수학 교과서》일까요? 첫 장을 펼치면서 보통 수학 책과는 다르다고 느낄 거예요. 때로는 초원의 목장에서, 인도네시아의 발리 섬에서, 백화점에서, 그리고 이상한 나라의 앨리스가 여러분을 수학의 세계로 초대하니까요.

수학도 다른 과목처럼 우리 생활과 밀접한 관련이 있는 과목입니다. 그래서 일상생활에서 수학을 시작하고 자연스럽게 수학의 세계를 찾아갈 수 있도록 이 책을 꾸몄답니다. 책 여행을 마칠 때쯤이면 우리가 살고 있는 세상이 좀 더 새로운 모습으로 나타날 거예요. 또한 수학자들이 느꼈던 놀라운 자연의 법칙과, 수학자들이 만들어 놓은 수학의 법칙이 가득 들어 있는 세상을 마음껏 느낄 수 있겠지요.

새로운 수학이니까 새로운 방법으로 공부해야겠지요?
우선 이야기를 많이 하세요. 생각나는 대로 많은 이야기를 펼쳐 놓으세요. 그리고 다른 사람의 이야기를 귀 기울여 들으세요. 부모님, 선생님, 그리고 다른 친구가 하는 이야기를 잘 들어 보세요. 잘 듣는 사람이 이야기도 잘 할 수 있답니다.

그 다음은 많이 읽으세요. 읽으면서 상상의 나래를 펼쳐 보세요. 그리고 써 보세요. 생각나는 대로 자꾸 쓰다 보면 어느새 여러분의 실력이 쑥쑥 올라갑니다.

《새로 쓰는 초등 수학 교과서》를 펼치고 수학 공부를 새롭게 하는 모습을 떠올리면서 여러분 모두가 어린 수학자가 되기를 바랍니다.

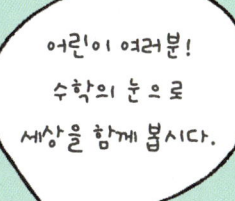

2007년 7월 10일
박영훈

이 책을 활용하는 방법

본문+활동지

이 책에 있는 삽화들, 본문의 글들에는 문제를 풀 수 있는 열쇠들이 숨어 있답니다. 그러므로 삽화들이나 본문의 글들을 그냥 지나치면 안돼요. 꼼꼼히 살펴보세요. 그리고 활동지를 이용할 때에는 책과 함께 놓고 이용하세요. 여러 문제들에 하나의 활동지를 이용할 수도 있으니까 버리지 말고 잘 보관해 둡니다.

연습 문제

여러분이 배운 내용을 다시 한 번 풀어보는 시간입니다. 본문에서 접했던 상황과 다른 상황에서의 문제를 풀어보면서 실력을 다져가는 부분입니다. 너무 어렵다고 생각되세요? 그렇다면 본문으로 돌아가 어떻게 문제를 해결했는지 꼼꼼히 살펴보세요.

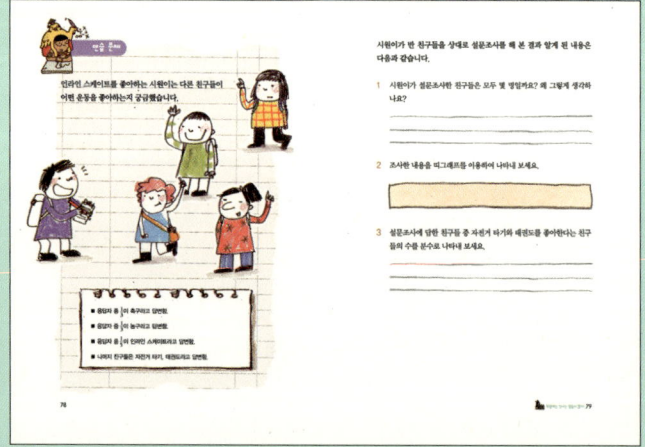

내 이름은 호루스랍니다.
나는 고대 이집트에서 태양신으로 숭배를 받았지요.
아버지는 죽음과 부활의 신 오시리스이고 어머니는 여신
이시스이지요. 내 머리에 있는 매의 날카로움과 강인함으로
여러분과 함께 수학의 세상을 헤쳐 나가려고 합니다.
지금부터는 여러분의 친구가 될게요.
여러분 반갑습니다.

상상+논술

여러분이 배운 내용과 관련 있는 그림입니다. 배운 내용으로 재미있는 글을 써 보세요. 문제만 푸는 것이 수학은 아니랍니다. 글 또는 이야기로 수학을 표현할 수 있다면 더욱 좋겠지요. 연습해 보세요. 요즘 많이들 이야기 하는 수리논술, 논술, 구술이 바로 이런 거랍니다. 너무 어려워하지 마세요.

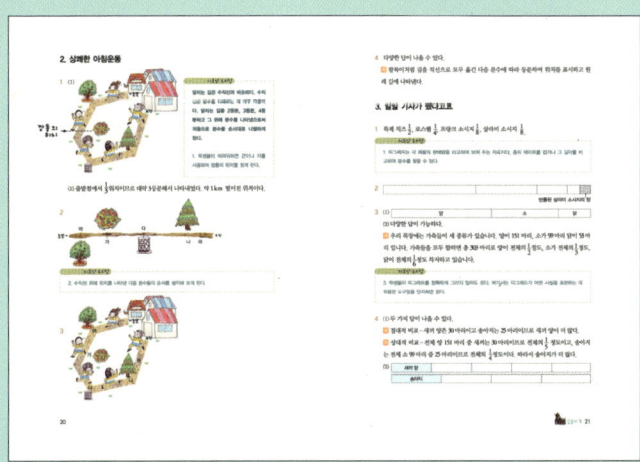

길잡이 책

길잡이 책은 부모님이 보는 책입니다. 《새로 쓰는 초등 수학 교과서》를 아이들이 어떻게 보고 풀어야 하는지에 대한 지도 방향이 나와 있습니다. 부모님이 생각하기에 수학문제답지 않은 것도 있습니다. 그러나 이것들은 아이들이 수학적인 상황에 다가가게 하기 위한 기초 문제로, 부모님께서 도와 주셔도 좋습니다.

저자 소개

오혜정 선생님

학생들이 수학을 통해 세상을 보도록 하자! 세상을 보기 위한 수학을 만들어보자! 이런 마음들이 모여서 이 작업을 시작했습니다. 수학의 목적이 문제풀이일 수 없으며, 수학책은 공식을 유형별로 정리하여 그것을 암기시키는 장치가 아니라는 사실을 알려주고 싶었습니다. 어렵고 힘든 작업이었던 만큼, 제 자신도 얻은 것이 많았습니다. 저 역시 수학을 통해 세상을 본다는 것이 무엇인지 다시 생각할 수 있는 기회였습니다. 우리가 만든 이 작품을 통해 수학을 문제풀이라고 생각하는 많은 친구들에게 새로운 얘기를 들려주고 싶습니다. 수학은 세상을 보는 나침반이라는 것을.

배수경 선생님

그냥 공식을 외우고 숫자를 집어넣어 답을 구해내는 과정을 수학이라고 생각하는 친구들이 많습니다. 하지만 그런 생각에서 벗어나지 않으면 수학은 그야말로 알 수 없는 외계어로 쏘아대는 무서운 괴물과도 같지요. 수학도 처음에는 우리 주위의 거칠고 다듬어지지 않은 작은 것에서 씨앗을 틔워, 논리적으로 생각하는 힘에 의해 예쁘게 열매를 맺는 것입니다. 왜 그런지 그 근원부터 차근차근 설명해 준다면, 생각할 줄 아는 우리 친구들은 누구나 아하~! 하고 고개를 끄덕이게 될 거라는 믿음을 갖고 이 책을 만들었습니다.

이미경 선생님

아이들이 정말 즐겁게 공부할 수 있는 수학책이 없을까? 오랜 시간 그런 수학책이 출간되기를 염원했습니다. 여러 선생님들과 1년이 넘는 시간을 함께 고민하고 만들었습니다. 아이디어가 떠오르지 않아 머리를 쥐어뜯던 시간들은 힘들었지만 한편으로는 즐거운 시간이었습니다. 여러분들도 그 즐거운 고통을 함께 느껴 보세요.

박영훈 선생님

우리나라는 짧은 시간 내에 선진국으로 진입을 앞둔 성공적인 나라로 세계 사람들이 인정하고 있습니다. 이는 국가가 주도한 덕택입니다. 하지만 이제는 환경, 경제, 정치 등의 여러 분야에서 국가를 제치고 시민들이 발 벗고 나서기 시작했습니다. 교육도 예외일 수는 없죠. 대안학교를 비롯한 교육의 여러 분야에서 시민들의 활동이 눈에 보이기 시작했습니다. 잡다한 수학의 뒷이야기들만 모아 감성에만 호소하는 책들이 서점에 널려 있는 것을 안타깝게 생각하던 선생님들이 모였습니다. 그래서 이 책을 국가가 아닌 시민들이 만든 수학 교과서라고 자랑스럽게 소개합니다. 이 책은 몇몇 분들이 책상에 모여 앉아 머리로만 만들었던 그런 교과서가 아닙니다. 직접 교실에서 우리의 아이들과 함께 토론하며 완성한 책입니다. 이를 위해 이형원 선생님과 정은주 선생님이 수고해 주셨으며, 함께 토론에 참가한 성미산학교의 아이들에게도 감사의 말을 전합니다.

여태경 선생님

서점에 가면 '수학'이라는 말이 들어있는 책에 가장 먼저 눈이 갑니다. 신문을 볼 때도 '수학'이라는 말이 있으면 모두 오려 둡니다. 생활 속의 수학은 어찌도 그리 쉽고 재미있는지요. 하지만 교실에서의 수학은 왜 그리도 지루하고 따분한지요. 친근한 수학책을 쓰고 싶었습니다. 머리가 아프지 않은 수학책을 만들고 싶었습니다. 그래서 즐겁고 재미있고 친근한 수학을 여기에 소개합니다.

안수진 선생님

수학을 왜 배울까 질문하는 학생들에게 대답을 해주는 책을 만들고자 했습니다. 아이들이 생활 속에서 혹은 상상할 수 있는 상황 속에서 수학적인 개념을 직접 만들어 나갈 때, 아이들에게 수학적인 힘과 사고하는 힘이 생길 것이라고 생각합니다.

차례

첫 번째 이야기_ 목장에서 신나게 놀자

1. 오이 따서 나눠 먹자 · 14
2. 우리 가족 방갈로는? · 22

두 번째 이야기_ 목장에는 젖소가 참 많아

1. 고소한 우유 나눠먹기 · 34
2. 우유를 어떻게 담을까? · 41
3. 막대에서 분수가? · 46

세 번째 이야기_ 목장에는 신나는 일들이 많지!

1. 포장은 멋있게 · 58
2. 상쾌한 아침운동 · 62
3. 일일 기자가 됐다고요 · 65
4. 누가누가 더 좋아하나 · 70

네 번째 이야기_ 커졌다? 작아졌다?

1. 인터넷 속에도 목장이 있네 · 84
2. 요리쿵 조리쿵! · 90
3. 분수 나라의 앨리스 · 96
4. 포장을 예쁘게 · 102
5. 우유의 화려한 변신 · 109

다섯 번째 이야기_ 백설공주와 일곱 난쟁이

1. 공짜는 맛있어 · 120
2. 백설공주 주방장이 되다 · 128

첫 번째 이야기

목장에서 신나게 놀자

동생과 과자를 똑같이 나누어 먹으려고 다투다가 부모님께 혼난 적이 있지 않나요? 이 단원에서는 가족, 친구들과 함께 음식을 먹을 때 똑같이 나누어 먹으려면 어떻게 나누어야 하는지를 생각해 봅니다. 그런 다음 나누어진 각 부분과 전체의 관계를 탐구해 봅니다. 또 직사각형 종이 테이프를 인원 수만큼 똑같이 나누고 단위분수($\frac{1}{2}, \frac{1}{3}, \frac{1}{4}, \frac{1}{6}, \frac{1}{8}$등)로 나타내 봅니다. 이 단원을 공부하고 나면 더는 동생과 다툴 일이 없겠지요?

1. 오이 따서 나눠 먹자

이슬이, 오공이, 사랑이, 육영이네 가족은 오이 따기 체험장에서 오이를 땄습니다.

오이 따기 체험을 한 가족들은 각각 딴 오이를 가족마다 똑같이 나누어 먹으려고 합니다.

1 육영이네 가족이 딴 오이를 똑같이 나누어 먹으려면 어떻게 해야 할까요? 설명해 보세요.

너 이거 알아? 호루스의 눈

호루스는 죽음과 부활의 신 오시리스와 이시스의 아들입니다. 호루스는 오시리스, 이시스와 함께 이집트 최고의 신으로 숭배를 받았다고 합니다. 오시리스는 동생 세트의 시기로 죽임을 당하였습니다. 버려진 시체를 아내인 이시스가 되찾았으나 시동생 세트에게 다시 뺏기고, 세트는 그 시체를 토막 내어 이집트 여기저기에 버렸다고 합니다. 이시스는 흩어진 남편의 시체를 다시 모아 남편을 되살렸습니다. 그래서 오시리스는 저승의 왕이 되었지요. 오시리스의 아들인 호루스는 어른이 되어 세트를 물리치고 왕위에 올랐습니다. 하지만 세트가 호루스의 눈을 뽑아 산산조각으로 만들어 버렸지요. 그러자 지혜의 신인 토토가 호루스의 눈 조각들을 모아, 원래의 모습으로 되찾게 해 주었습니다.

그림에서처럼 각각의 눈 조각에 해당하는 분수들을 더해 보면 1이 되지 않습니다. 나머지 모자란 $\frac{1}{64}$은 지혜의 신 토토가 채워 준다고 합니다. 신화로 가득한 나라인 만큼 흥미진진한 이야기들도 많답니다.

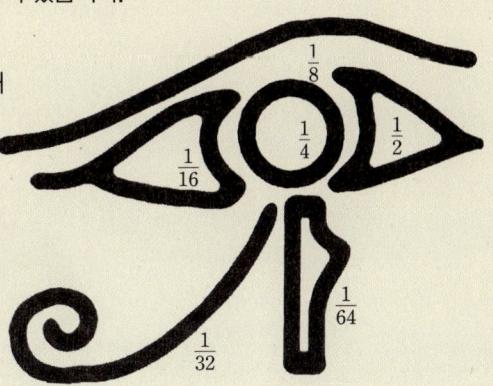

가족마다 똑같이 나누어 먹으려면 어떻게 나누어야 할까요?

2   아이들 각자가 먹을 양을 색칠해 보세요. 〈활동지 1〉을 이용합니다.

〈육영이〉

오이를 똑같이 나누는 방법은 여러 가지가 있습니다.

3   친구들이 생각한 방법과 여러분이 나눈 방법을 이야기해 보세요. 같은가요, 아니면 다른가요? 그 이유를 써 보세요.

육영이 동생의 얼굴에 불만이 가득합니다.

4   왜 그럴까요? 이유를 설명해 보세요.

삼식이네 식구 3명도 오이를 똑같이 나누어 먹기로 했습니다. 오이 2개를 3명이 똑같이 나누면, 각각 $\frac{2}{3}$씩 먹게 됩니다. 이때 $\frac{2}{3}$는 '삼분의 이'라고 읽습니다.

5 오공이, 이슬이, 육영이, 사랑이가 먹은 오이의 양을 각각 분수로 나타내 보세요.

___
___
___

즐거운 간식 시간이에요. 각 가족들이 간식을 맛있게 먹고 있습니다.

육영이, 사랑이, 이슬이, 오공이는 각자 자기가 먹을 양을 알고 싶어합니다.

6 각자 먹을 양을 표시하고, 아래 표에 분수로 나타내 보세요.

이름	육영이	사랑이	이슬이	오공이
분수				

7 똑같이 나눌 수 있는 양을 분수로 나타내 보세요.

2. 우리 가족 방갈로는?

팔복이네 가족 8명과 삼식이네 가족 3명이 늦게 도착하였습니다. 가족들은 목장에 있는 방갈로에 머물기로 하였습니다.

각각의 방갈로 앞에 그 방을 쓰는 가족들의 이름을 적어서 붙여 놓기로 했습니다. 목장 주인이 각 가족에게 길이가 같은 종이 테이프를 나누어 주었습니다. 각 가족은 그 가족 수만큼 종이 테이프를 똑같이 나누어 접었습니다. 종이 테이프를 잘라 이름을 적은 다음 방갈로 문에 붙였습니다.

1 가족들의 이름을 적을 수 있도록 종이 테이프를 똑같이 접어 오려서 붙여 보세요. 〈활동지 2〉를 이용합니다.

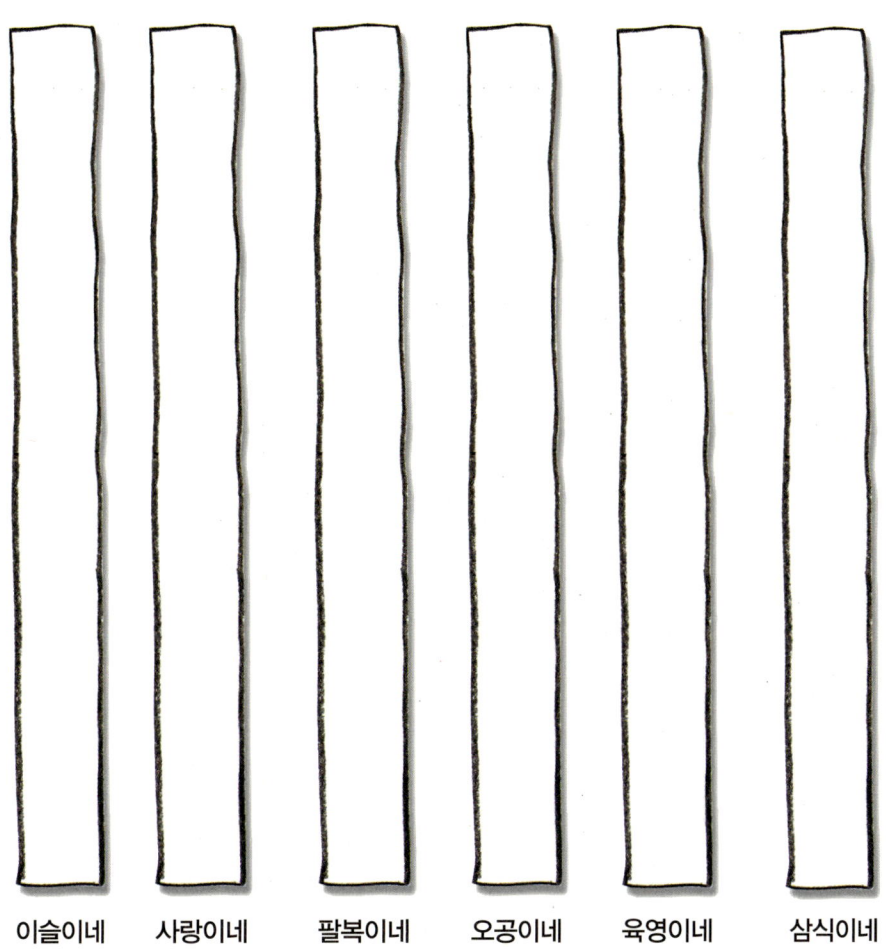

다른 방갈로에도 여러 가족들이 짐을 풀기 시작했습니다. 이름표를 붙이기 위해 종이 테이프를 받았습니다. 다음의 세 가족이 방갈로 앞에 식구들 이름을 모두 붙이려고 하네요.

2 1번의 종이 테이프 나눈 것 중 누구네 것을 이용하면 편리할까요? 그 이유를 써 보세요.

오공이는 친구네 가족들의 이름표 크기가 궁금해졌습니다.

3 가족 1명의 이름을 적을 종이 크기를 그리고 색칠해 보세요. 앞쪽의 1번을 참고하세요.

목장에 바람이 많이 불어 이름표가 떨어진 집이 있습니다.

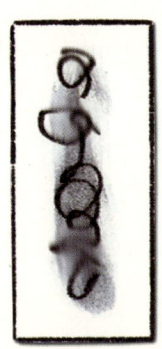

4   왼쪽에 있는 이름표는 누구네 방갈로에서 떨어진 것인가요? 찾아보고, 이유를 설명해 보세요.

가족들은 각각 가지고 온 점심 도시락을 똑같이 나누어 먹었습니다. 다음은 방갈로에 이름표를 붙이느라 늦게 온 아이들을 위해 남겨 놓은 것입니다.

5   다음 도시락은 어느 가족이 남겨 놓은 것인가요? 이유를 설명해 보세요.

(1)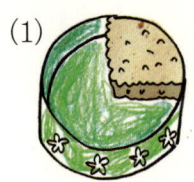

(2)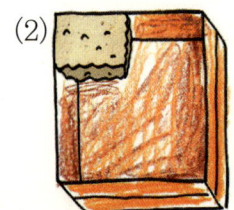

(3)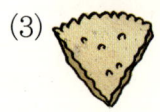

연습 문제

1 (1) 첫 번째 이야기에서 배운 분수들을 차례대로 써 보세요.

_____
_____
_____

(2) 서로 관계있는 분수들을 찾아 보세요. 분수들의 관계에 대해서 설명해 보세요.

_____
_____
_____

2 양들에게 건초를 주려고 합니다. 양 한 마리는 얼마만큼 먹을 수 있나요?

한 마리가 먹을 수 있는 건초의 양은 한 덩이 ―― 입니다.

한 마리가 먹을 수 있는 건초의 양은 한 덩이 ―― 입니다.

한 마리가 먹을 수 있는 건초의 양은 한 덩이 ―― 입니다.

한 마리가 먹을 수 있는 건초의 양은 한 덩이 ―― 입니다.

상상＋논술

각각의 그림을 보고 생각나는 것을 정리해 보세요. 이 단원에서 배운 것 중 어떤 내용이 떠오르나요? 떠오른 생각을 글로 써 보세요. 한 문장 이상이 되도록 적어 보세요.

고대 이집트인들은 분수를 어떻게 표현했을까?

고대 이집트인들은 신성문자, 신관문자, 민중문자 이렇게 세 가지 문자를 사용했습니다. 신성문자는 주로 왕의 기념물, 종교적 의식이나 이를 기록한 서적 등에 사용되었습니다. 신관문자는 신성문자를 간략하게 만든 것인데, 주로 그리스·로마 시대의 신관들이 파피루스에 기록하는 데 사용하였습니다. 그리고 민중문자는 신관문자가 기원전 8세기경부터 변형되면서 사용된 것입니다. 고대 이집트의 세 가지 문자 체계는 모두 표의문자로서 그림이 어떤 특정한 사물이나 뜻을 가리키는 것이었습니다.

	신성문자	신관문자	민중문자
1			
10			
100			
1000			
$\frac{1}{2}$			
$\frac{1}{3}$			

〈고대 이집트에서 사용한 숫자 기호〉

고대 이집트인들은 분수를 나타낼 때 분자를 생략했습니다. 그 이유는 고대 이집트인들이 단위분수만을 사용했기 때문입니다. 단, $\frac{1}{2}$과 $\frac{2}{3}$만은 다른 상형문자를 사용했다고 하네요. $\frac{1}{2}$은 위의 표를 보면 알 수 있고, $\frac{2}{3}$는 ♈로 쓰였다고 합니다.

두 번째 이야기

목장에는 젖소가 참 많아

소젖 짜기 체험! 생각만 해도 신나겠죠? 친구들이 목장에 가서 소젖을 짰는데 서투른 나머지 통을 다 채우지 못했어요. 한 통을 다 채우지 못한 우유의 양을 한 개, 두 개, 세 개처럼 셀 수도 없고……. 친구들이 짠 우유의 양을 어떻게 알 수 있을까요? 이 단원에서는 한 통을 다 채우지 못한 우유의 양을 분수로 나타내 봅니다. 또 친구들 각자가 짠 우유를 모아 크기가 같은 다른 통에 옮겨 담은 다음 그 양을 분수로 어떻게 나타낼지 알아봅니다. 평상시에 자를 사용하면 길이를 쉽게 잴 수 있다는 것, 알고 있죠? 분수에서도 분수 막대를 만들어 사용하면 양이나 길이를 잴 때 편리하답니다.

오공이는 목장에 놀러 갔습니다.

1. 오공이는 남은 치즈 케이크를 상자 하나에 다 넣을 수 있을까요? 설명해 보세요.

2. 다음 조각들을 모아 1개의 둥근 모양을 만들 수 있을까요? 설명해 보세요.

    (1)

    (2)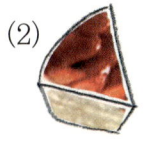

    (3)

전통명가 떡집에서는 매일 맛있는 떡을 만들어 판매합니다. 다음은 낱개로 포장하여 판매하고 남은 떡입니다.

3 합한 양을 분수로 나타내 보세요. 그 이유를 설명해 보세요.

(1)

(2)

7명이 소젖짜기 체험을 하러갔습니다. 주인아저씨께서 큰 컵에 우유를 가득 담아 주면서 신선한 우유 맛을 느껴 보라고 했습니다.

아이들은 3명, 4명으로 나누어 우유를 나누어 먹기로 하였습니다. 두 팀으로 나뉜 아이들은 우유를 똑같이 나누어 먹기 위해 오른쪽 그림과 같이 컵에 눈금을 표시하였습니다.

목장 체험을 온 여러 가족들이 큰 컵에 들어 있는 우유를 똑같이 나눠 먹으려고 합니다.

4 각 컵에 눈금을 표시하고, 눈금에 알맞은 분수를 써 보세요.

(1)

(2)

(3)

5 다음의 그릇에 들어 있는 액체의 양을 분수로 나타내 보세요.

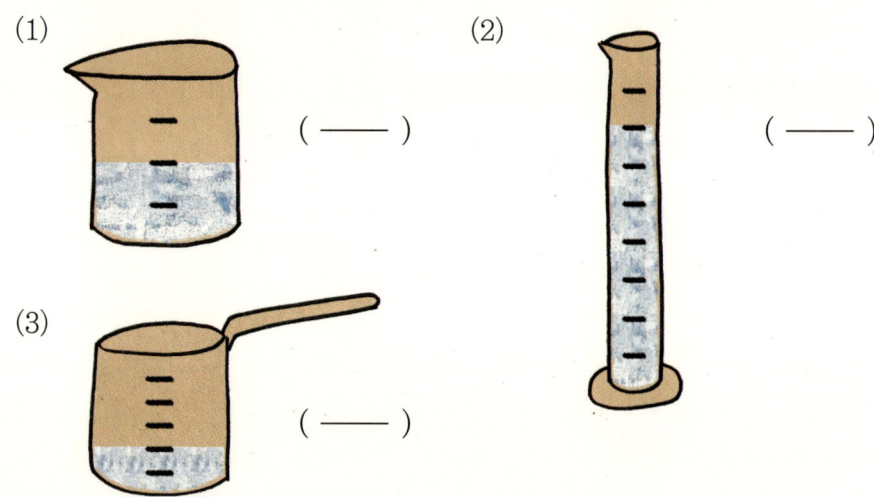

(1) (—)

(2) (—)

(3) (—)

너이거알아? 아버지의 유언

늙은 아라비아 상인은 낙타 17마리를 유산으로 남기며 세 아들에게 싸우지 말고 나누어 가지라고 당부하면서 다음과 같은 유언을 남겼습니다.
"큰애는 낙타들의 $\frac{1}{2}$을 갖고, 둘째는 낙타들의 $\frac{1}{3}$을 갖고, 막내는 낙타들의 $\frac{1}{9}$을 갖도록 해라." 아버지가 돌아가시고 난 후 세 아들은 고민에 빠졌습니다. 아버지의 유언대로 17마리의 낙타들을 나누려면 낙타가 살아 있는 상태로는 불가능해 보였습니다. 그러나 세 아들은 모두 살아 있는 낙타를 원했기에 고민만 하고 있었답니다. 마침 낙타 1마리를 타고 그 마을을 지나가던 노인이 삼 형제의 이야기를 전해 들었습니다. 노인은 삼 형제를 찾아가 고민을 해결해 주겠다고 했지요. "내 낙타를 여러분이 가지고 있는 낙타와 합하여 아버지의 유언대로 나누세요." 삼 형제는 처음에는 사양했으나 노인의 권유로 낙타를 나누기 시작했습니다. 낙타는 이제 18마리가 되었답니다. 첫째 아들은 18마리의 $\frac{1}{2}$인 9마리를, 둘째 아들은 18마리의 $\frac{1}{3}$인 6마리를, 셋째 아들은 18마리의 $\frac{1}{9}$인 2마리를 나누어 가졌습니다. 그런데 낙타가 1마리 남는군요. 노인은 1마리 남은 낙타를 타고 유유히 떠났답니다.
도대체 이 이야기에는 어떤 비밀이 숨어 있는 것일까요?

컵에 우유가 들어 있습니다.

6 우유의 양을 어림하여 분수로 나타내 보세요. 그렇게 생각한 이유를 써 보세요.

(1) (—)

(2) (—)

(3) (—)

(4) (—)

아래 컵에 우유를 담으려고 합니다.

7 옆에 써 있는 분수에 맞게 컵에 우유의 양을 표시해 보세요.

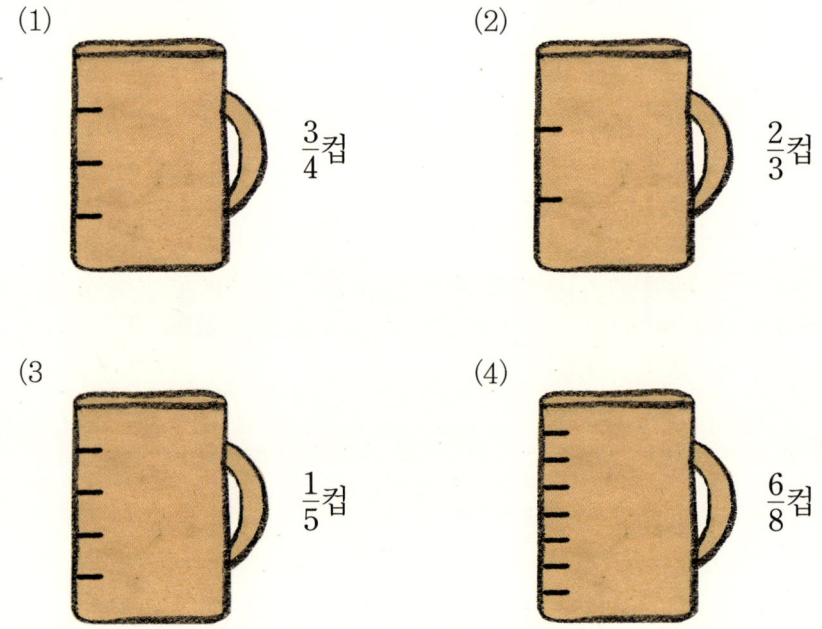

너 이거 알아? 파이데이

2월 14일 밸런타인데이는 여자가 사랑하는 남자에게 초콜릿을 선물하는 날이에요. 그리고 3월 14일인 화이트데이에는 남자가 여자에게 사탕을 선물한다지요? 그런데 3월 14일은 또 다른 날이기도 합니다. 바로 파이데이랍니다. 프랑스의 수학자 자르투라는 사람이 파이(π), 즉 원주율의 탄생을 기념하며 만든 날입니다. 물론 파이 값은 3.1415926535897932384626433383279……이지만, 우리는 근삿값으로 3.14라고 기억하고 있지요.

화이트데이만 기억하지 말고 파이데이도 기억하면 좋지 않을까요?

1 아이들의 우유통에 들어 있는 우유의 양을 각각 분수로 나타내 보세요.

(1) (—)   (2) (—)

(3) (—)   (4) (—)

2명씩 짝을 지어 한 통에 넘치지 않게 모으려고 합니다.

2 사랑이는 누구와 짝을 이루는 것이 좋을까요? 왜 그렇게 생각했나요?

이슬이와 육영이, 오공이와 사랑이가 각자 짠 우유를 빈 우유통에 옮겨 담으려고 합니다.

3 이슬이와 오공이가 뭐라고 말했는지 써 보세요.

(1) 내가 우유통의 $\frac{1}{3}$ 만큼을, 내가 $\frac{1}{2}$ 만큼을 짰는데, 한 통에 담으면 넘치지 않을까?

왜냐하면,

(2) 내가 우유통의 $\frac{3}{4}$ 만큼을, 내가 $\frac{1}{5}$ 만큼을 짰는데, 한 통에 담으면 넘치지 않을까?

왜냐하면,

4 한 통에 옮겨 담을 수 있을까요?

이번에는 세 명의 아이가 각각 우유통을 들고 있습니다.

5 한 통에 모두 옮겨 담을 수 있을까요? 생각한 답을 말하고 그 이유를 설명해 보세요.

6 2번 문제에서 직접 담아 보지 않고 빈 우유통 하나에 모두 담을 수 있는지를 어떻게 알 수 있을까요?

_____

_____

4번의 (2)번 문제에서처럼 통에 $\frac{1}{3}$만큼 들어있는 우유와 $\frac{4}{6}$만큼 들어있는 우유를 합하면 빈 우유통에 가득 채울 수 있습니다.

7 우유통 2개 또는 3개에 담긴 우유를 합하여 빈 우유통을 가득 채울 수 있는 경우를 3가지 써 보세요.

_____

_____

너이거알아? 또 다른 수학의 노벨상인 아벨상

아벨상은 노르웨이 수학자 아벨 탄생 200주년을 기념하여 2002년에 노르웨이 학술원에서 제정하였습니다. 수학자들 사이에서는, 노벨상에 수학 분야가 없고, 또 필즈상이 있긴 하지만 4년마다 상을 주고 40세 미만의 수학자를 대상으로 상금도 적다는 점이 계속 지적되어 왔다고 합니다. 게다가 필즈상은 40세 이상의 연구 성과에 대해서는 인정하지 않고 있습니다. 그렇지만 아벨상은 매년 4월에 대상자를 선정하고 6월에 시상하며, 상금은 75만 유로(약 9억 원)라고 합니다. 40세 이후에 위대한 연구를 한 사람들에게는 좋은 기회가 되겠네요. 2003년 6월 제1회 아벨상은 프랑스 수학자인 장 피에르 세르가 수상했습니다. 세르는 1954년에 이미 필즈상을 받았다고 하네요.

3. 막대에서 분수가?

우유통에 표시한 눈금을 〈활동지〉의 막대에 표시하여 사용하면 통에 담긴 우유의 양을 쉽게 알 수 있습니다.

〈활동지 3〉의 분수 막대를 각각 잘라 보세요.

1. (1) 분수 막대를 보고 $\frac{1}{2}$과 같은 크기를 나타내는 다른 분수를 모두 찾아 적어 보세요.

   _____
   _____
   _____

   (2) $\frac{1}{2}$과 크기가 같은 분수를 어떻게 찾았나요? 설명해 보세요.

   _____
   _____
   _____
   _____

2. 분수 막대를 보고 $\frac{2}{3}$와 같은 크기를 나타내는 다른 분수를 찾아보세요.

   _____
   _____

3. 분수 막대를 보고 $\frac{4}{12}$와 같은 크기를 나타내는 다른 분수를 찾아보세요.

   _____
   _____

분수 막대를 사용하여 다음 두 사람이 짠 우유를 빈 통에 모두 부을 때 얼마나 채울 수 있는지를 알아보려고 합니다.

4 (1) 어떻게 하면 될까요?

(2) $\frac{1}{2}$통 + $\frac{1}{3}$통 = $\frac{5}{6}$통, $\frac{1}{4}$통 + $\frac{6}{8}$통 = 1통이 옳은 이유를 분수 막대를 이용하여 설명해 보세요.

육영이와 오공이가 두 번째로 짠 우유를 빈 통에 옮겨 담기로 하였습니다.

합친 우유의 양이 통 1개의 양보다 많아 다 담을 수가 없습니다.

$\frac{1}{2}$통 + $\frac{3}{4}$통 = $1\frac{1}{4}$통. 이때 $1\frac{1}{4}$과 같은 분수를 '대분수'라고 합니다.

5 유리는 $\frac{1}{2}$통 + $\frac{3}{4}$통 = $\frac{5}{4}$통이라고 썼습니다. 맞게 썼나요? 설명해 보세요.

6 $1\frac{1}{4}$통과 유리가 쓴 $\frac{5}{4}$통은 같은 값인가요, 아닌가요? 여러분의 생각을 써 보세요.

연습 문제

다음은 자동차의 연료 계량기입니다.

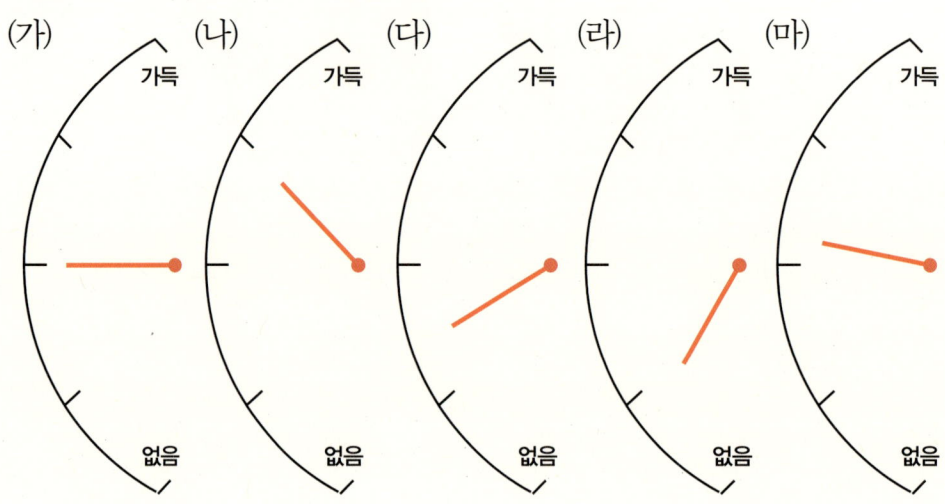

1. 각 연료통에 들어 있는 (가)~(마) 연료의 양을 분수로 나타내 보세요.

연료통에 연료를 가득 채우면 60L가 들어갑니다.

2. (가)~(마) 연료통에는 연료가 얼마나 들어 있나요?

3 합친 양을 분수로 써 보세요. 그렇게 생각한 이유를 설명해 보세요.

아래 문제에 알맞은 분수 막대를 찾아 써 넣으세요.

4

$\frac{1}{2}$				$\frac{1}{2}$			
$\frac{1}{4}$		$\frac{1}{4}$		$\frac{1}{4}$		$\frac{1}{4}$	
$\frac{1}{6}$		$\frac{1}{6}$		$\frac{1}{6}$	$\frac{1}{6}$	$\frac{1}{6}$	$\frac{1}{6}$
$\frac{1}{8}$	$\frac{1}{8}$	$\frac{1}{8}$	$\frac{1}{8}$	$\frac{1}{8}$	$\frac{1}{8}$	$\frac{1}{8}$	$\frac{1}{8}$
$\frac{1}{12}\frac{1}{12}$	$\frac{1}{12}\frac{1}{12}$	$\frac{1}{12}\frac{1}{12}$	$\frac{1}{12}\frac{1}{12}$	$\frac{1}{12}\frac{1}{12}$	$\frac{1}{12}\frac{1}{12}$		

(1) $\frac{1}{2} =$ (2) $\frac{1}{8} + \quad = 1$

(3) $\frac{1}{4} =$ (4) $\frac{3}{4} + \quad = 1$

(5) $\frac{2}{6} =$ (6) $\frac{7}{12} + \quad = 1$

(7) $\frac{8}{12} =$ (8) $\frac{1}{2} + \frac{1}{4} + \quad = 1$

5

$\frac{1}{3}$		$\frac{1}{3}$		$\frac{1}{3}$	
$\frac{1}{6}$	$\frac{1}{6}$	$\frac{1}{6}$	$\frac{1}{6}$	$\frac{1}{6}$	$\frac{1}{6}$

| $\frac{1}{12}$ | $\frac{1}{12}$ | $\frac{1}{12}$ | $\frac{1}{12}$ | $\frac{1}{12}$ | $\frac{1}{12}$ | $\frac{1}{12}$ | $\frac{1}{12}$ | $\frac{1}{12}$ | $\frac{1}{12}$ | $\frac{1}{12}$ | $\frac{1}{12}$ |

| $\frac{1}{18}$ | $\frac{1}{18}$ | $\frac{1}{18}$ | $\frac{1}{18}$ | $\frac{1}{18}$ | $\frac{1}{18}$ | $\frac{1}{18}$ | $\frac{1}{18}$ | $\frac{1}{18}$ | $\frac{1}{18}$ | $\frac{1}{18}$ | $\frac{1}{18}$ | $\frac{1}{18}$ | $\frac{1}{18}$ | $\frac{1}{18}$ | $\frac{1}{18}$ | $\frac{1}{18}$ | $\frac{1}{18}$ |

(1) $\frac{1}{3}=$ 　　　　(2) $\frac{7}{12}+$ 　　$=1$

(3) $\frac{6}{12}=$ 　　　　(4) $\frac{1}{3}+\frac{3}{18}+$ 　　$=1$

(5) $\frac{12}{18}=$ 　　　　(6) $\frac{1}{6}+\frac{1}{12}+$ 　　$=1$

6

$\frac{1}{5}$		$\frac{1}{5}$		$\frac{1}{5}$		$\frac{1}{5}$		$\frac{1}{5}$	
$\frac{1}{10}$	$\frac{1}{10}$	$\frac{1}{10}$	$\frac{1}{10}$	$\frac{1}{10}$	$\frac{1}{10}$	$\frac{1}{10}$	$\frac{1}{10}$	$\frac{1}{10}$	$\frac{1}{10}$

| $\frac{1}{15}$ | $\frac{1}{15}$ | $\frac{1}{15}$ | $\frac{1}{15}$ | $\frac{1}{15}$ | $\frac{1}{15}$ | $\frac{1}{15}$ | $\frac{1}{15}$ | $\frac{1}{15}$ | $\frac{1}{15}$ | $\frac{1}{15}$ | $\frac{1}{15}$ | $\frac{1}{15}$ | $\frac{1}{15}$ | $\frac{1}{15}$ |

| $\frac{1}{20}$ | $\frac{1}{20}$ | $\frac{1}{20}$ | $\frac{1}{20}$ | $\frac{1}{20}$ | $\frac{1}{20}$ | $\frac{1}{20}$ | $\frac{1}{20}$ | $\frac{1}{20}$ | $\frac{1}{20}$ | $\frac{1}{20}$ | $\frac{1}{20}$ | $\frac{1}{20}$ | $\frac{1}{20}$ | $\frac{1}{20}$ | $\frac{1}{20}$ | $\frac{1}{20}$ | $\frac{1}{20}$ | $\frac{1}{20}$ | $\frac{1}{20}$ |

(1) $\frac{2}{5}=$ 　　(2) $\frac{3}{10}+$ 　　$=1$ 　(3) $1-\frac{3}{5}=$

(4) $\frac{5}{10}=$ 　　(5) $\frac{6}{15}+$ 　　$=1$ 　(6) $1-\frac{6}{10}=$

(7) $\frac{16}{20}=$ 　　(8) $\frac{3}{10}+\frac{6}{20}+$ 　　$=1$ 　(9) $1-\frac{11}{15}=$

상상 + 논술

각각의 그림을 보고 생각나는 것을 정리해 보세요. 이 단원에서 배운 것 중 어떤 내용이 떠오르나요? 떠오른 생각을 글로 써 보세요. 한 문장 이상이 되도록 적어 보세요.

수학에서 사용하는 도구와 기호는 언제 누가 만들었을까?

+기호와 −기호는 1489년 비트만이 쓴 《산술책》에 처음으로 사용되었다고 합니다. 덧셈 기호인 +는 라틴어 et로 '더하다'라는 뜻이고, 뺄셈 기호 −는 라틴어로 '빼다'라는 뜻의 minus를 간단히 m으로 사용하다가 −로 쓰이게 되었다고 합니다. 그렇지만 비트만의 책에서는 더하기와 빼기의 의미가 아니라 남는 것과 모자라는 것을 표시하는 데 사용되었다고 해요. 덧셈과 뺄셈의 의미로는 1514년 네덜란드의 수학자 호이케가 처음으로 사용했다고 합니다.

=기호는 레코드가 그의 책 《지혜의 숫돌》에서 '같다'라는 의미로 쓰였다고 하네요. 레코드가 '같다'는 의미의 기호로 길이가 같은 평행한 두 선을 선택한 이유는 "어떤 두 개도 이것보다 더 같은 수는 없기 때문"이라고 합니다.

우리가 알고 있는 수학 기호들은 그냥 생겨난 것들이 아니랍니다. 누군가가 필요해서 만든 것이지요. 그러니까 여러분이 옛날에 살았던 수학자였다면, 여러분이 써 놓은 기호들을 후세의 아이들이 사용하고 있을지도 모른답니다.

세 번째 이야기
목장에는 신나는 일들이 많지!

평소에 "이만큼만 주세요"라는 말을 자주 사용하지요?
이제부터는 분수를 사용하여 더 정확하게 표현하면
어떨까요? 이 단원에서는 채소나 고기를 살 때
그 양을 분수로 어림하는 방법에 대해 알아봅니다.
부모님이 손님을 초대할 때면 맛있는 음식을 하기 위해
요리책을 뒤적이는 것을 많이 보았을 거예요. 그런데
요리책에 나와 있는 사람 수보다 손님이 많이 오면 재료의
양을 더 늘려야 하잖아요. 여기에서는 사람 수에 따라
재료의 양을 얼마만큼 늘리고 줄여야 하는지 알아봅니다.
우리 학교 학생들과 이웃 학교 학생들에게 설문조사를
하려고 합니다. 전체 학생 수가 다른데 어떻게
비교할 수 있을까요? 이 단원에서는 사람 수가 다른 두 집단의
조사 결과를 나타내기 위하여 많은 칸으로 된 띠그래프를
사용하는 방법에 대해 알아봅니다. 띠그래프를 사용하면
자료를 쉽게 비교할 수 있다는 것을 알게 될 거예요.

이 목장에서는 고기와 우유로 만든 제품을 주문 받아 전국으로 배달하고 있습니다. 팔복이와 이슬이, 오공이가 주인아저씨를 도와 제품을 포장하기로 하였습니다.

1   (1) 포장할 양을 잘라 보세요.

(2) 잘라 낸 햄과 치즈의 양을 분수로 어림해 보세요.

팔복이는 선물세트 포장하는 일을 도우려고 합니다. 선물세트는 크기에 따라 2호와 4호가 있습니다. 선물세트 '대만족 4호'에는 살라미 소시지, 프랑크 소시지, 로스햄, 특제 치즈를 넣습니다.

팔복이는 이 선물세트에 들어갈 각 제품의 양이 궁금해졌습니다.

2 '대만족 4호'에 들어가는 제품의 무게는 각각 얼마일까요?

살라미 소시지		로스햄	606g
프랑크 소시지		특제 치즈	

또 다른 선물세트 '고품격 4호'는 살라미 소시지 800g, 프랑크 소시지 200g, 로스햄 600g, 특제 치즈 400g으로 구성되어 있습니다.

'고품격 2호'에는 살라미 소시지 400g, 프랑크 소시지 100g, 로스햄 300g, 특제 치즈 200g이 들어갑니다.

3 '고품격 1호'를 만들기 위해 제품들을 어떻게 잘라야 할까요? 설명해 보세요.

너 이거 알아?

《걸리버 여행기》에 숨은 수학

《걸리버 여행기》의 주인공인 걸리버가 소인국 릴리펏에 도착했습니다. 이곳 사람들은 걸리버에게 날마다 릴리펏 사람들 1728명분의 식사와 음료수를 제공했습니다. "300명의 요리사가 나를 위해 음식을 만들었다. 식사 때마다 나는 20명의 시중꾼을 손으로 집어 식탁 위에 올려 주었다. 그러면 바닥에 100명 쯤 되는 또 다른 시중꾼들이 준비하고 있다가, 어떤 사람은 음식 접시를 꺼내고 어떤 사람은 포도주 통을 줄사다리로 올렸다." 그런데 이상한 것은 왜 하필 1728명 분의 식사와 음료수 일까요? 간단하게 그냥 '1000명분'이라고 하면 될텐데…… 릴리펏 사람들의 키는 걸리버 키의 $\frac{1}{12}$ 정도일 뿐인데 말이죠.

2. 상쾌한 아침운동

이번 체험 학습에 참가한 아이들이 아침 운동으로 목장 둘레를 달리기로 하였습니다.

목장 둘레의 전체 길이는 3km 입니다. 주인아저씨는 오른쪽 표의 각 지점에 쪽지가 담긴 깡통을 땅에 묻어 놓고 먼저 찾는 사람에게 선물을 주기로 하였습니다.

위치	출발점에서의 위치
(가)	$\frac{1}{3}$
(나)	$\frac{2}{3}$
(다)	$\frac{1}{2}$
(라)	$\frac{3}{4}$
(마)	$\frac{1}{4}$

달리기를 잘 하는 오공이가 목장으로 돌아온 후 불만을 터뜨렸습니다.

1 (1) 아이들이 첫 번째 깡통을 찾아야 할 곳은 어디일까요? 〈활동지 4〉에 나타내 보세요.

(2) 그 위치를 어떻게 알았는지 설명해 보세요.

2 팔복이의 방법에 따라 다음 수직선 위에 (가)~(마)의 위치를 나타내 보세요. 〈활동지 5〉를 이용하세요.

3 (가)~(마)의 위치가 어디인지 지도 위에 나타내 보세요. 〈활동지 4〉를 이용하세요.

4 각 위치를 어떻게 알았는지 설명해 보세요.

3. 일일 기자가 됐다고요

목장에서는 매달 '목장소식'이라는 소식지를 만들고 있습니다. 이번 달 '목장소식'에는 지난달에 팔린 가공 식품 판매량이 띠그래프로 그려져 있습니다.

1   각 제품의 판매량을 분수를 사용하여 나타내 보세요.

지난달에 판매된 제품 중에서 살라미 소시지 판매량의 절반이 불량으로 반품되었습니다.

2   반품된 살라미 소시지의 양을 표시해 보세요.

팔복이는 친구들과 목장에 있는 동물들의 수를 조사하여 그 결과를 다음달 '목장소식'에 기사로 쓰려고 합니다. 팔복이는 동물들의 수를 띠그래프로 나타낸 다음, 띠그래프를 분수로 바꾸어 기사를 작성하려고 합니다.

3   (1) 동물들의 수를 띠그래프로 나타내 보세요.

(2) '목장소식'에 실을 기사를 작성해 보세요. 〈활동지 6〉을 이용하세요.

4 (1) 양 우리와 소 우리 중 새끼가 더 많은 곳은 어디일까요? 그렇게 생각한 이유를 써 보세요.

_____
_____
_____

(2) 새끼 양의 수와 송아지의 수를 띠그래프로 나타내고 분수를 사용하여 설명해 보세요.

다음달 '목장소식'에는 목장 체험에 관한 기사를 실을 예정입니다. 다음은 소젖 짜기와 치즈 만들기 등 목장 체험 프로그램에 대한 인기도를 조사하여 작성한 기사입니다.

목장 소식

전국 10여 곳의 목장에서 실시하는 체험 프로그램에 참가한 사람들을 대상으로 설문조사를 실시한 결과,

응답자 10명 중 7명이 소젖 짜기를 가장 좋아한다고 대답하였고, 응답자의 $\frac{3}{5}$ 정도가 가장 좋아하는 프로그램으로 치즈 만들기를 꼽았다.

5 체험자들에게 가장 인기가 있는 프로그램은 무엇일까요? 그렇게 생각한 이유를 써 보세요.

4. 누가누가 더 좋아하나

이슬이와 사랑이는 체험 학습을 떠나기 전에 야외에서 가장 먹고 싶은 음식이 무엇인지 자기 반에서 각각 설문조사를 하였습니다. 조사한 결과는 다음과 같습니다.

이슬이 반(20명)

김밥	3명
바비큐	10명
카레	2명
샌드위치	1명
햄부대찌개	4명

사랑이 반(40명)

김밥	7명
바비큐	16명
카레	7명
샌드위치	5명
햄부대찌개	5명

이슬이와 사랑이는 조사한 결과를 비교해 보았습니다.

1. 어떤 음식을 몇 명이 먹고 싶어하는지 표시해 보세요. 음식의 종류에 따라 서로 다른 색을 사용하여 칠해 보세요. 〈활동지 7〉을 이용하세요.

2. 이슬이의 물음에 사랑이는 뭐라고 대답했을까요? 사랑이가 답한 내용을 짐작하여 두 가지 이상 써 보세요.

3   어느 반 학생들이 김밥을 더 많이 먹고 싶다고 답했나요? 그렇게 생각한 이유를 설명해 보세요.

4   어느 반 학생들이 바비큐를 더 많이 먹고 싶다고 답했나요? 그렇게 생각한 이유를 설명해 보세요.

5   각각의 음식을 몇 명의 학생이 좋아하는지 분수로 나타내 보세요.

이슬이와 사랑이는 두 학급에서 조사한 학생 수가 다르기 때문에 비교하기가 어렵다는 것을 알게 되었습니다.

6   쉽고 편리하게 비교하려면 어떻게 하는 것이 좋을까요? 설명해 보세요.

7   (1) 조사 결과를 비교하기 위하여 띠그래프의 칸 수를 같게 만들려고 합니다. 몇 칸으로 하는 것이 좋을까요? 그렇게 생각한 이유를 설명해 보세요.

(2) (1)번에서 답한 대로 칸 수가 같은 띠그래프를 만들 경우 각 학급의 학생 1명에 해당하는 칸은 몇 칸일까요?

_____

(3) 학급별로 칸 수가 같은 띠그래프에 각각의 음식을 선택한 학생들의 수를 색칠한 다음, 각각의 음식을 몇 명의 학생이 좋아하는지 분수로 나타내 보세요.

이슬이 반

사랑이 반

(4) 분수를 사용하여 두 학급을 비교하는 글을 써 보세요.

이슬이 반   사랑이 반

이슬이와 삼식이는 여러 가지 체험 학습 중에서 친구들이 가장 체험해 보고 싶은 것을 알아보기로 하였습니다. 조사한 결과는 다음과 같습니다.

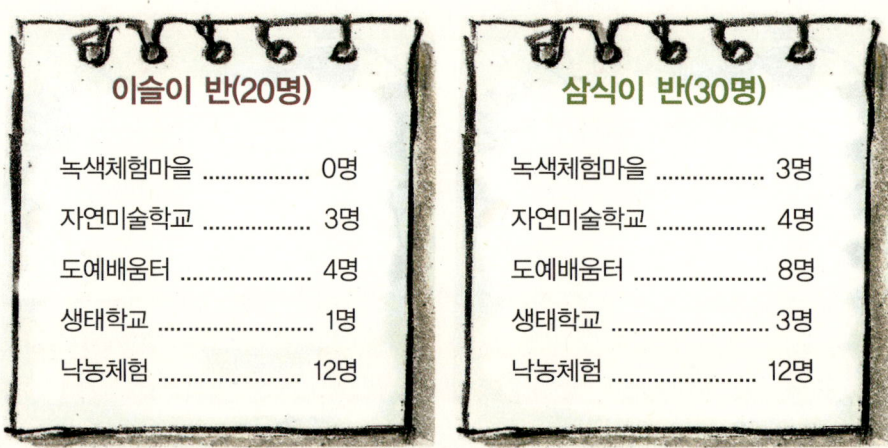

삼식이는 두 학급에서 조사한 결과를 비교하려고 합니다.

8 (1) 〈활동지 8〉에서 2개의 띠그래프를 오려서 위의 조사 결과를 나타내 보세요.

   (2) 두 학급에서 각각 가고 싶은 곳을 선택한 학생 수를 분수로 나타내 보세요.

이슬이와 삼식이는 이 조사에서도 두 학급에서 조사한 학생 수가 다르기 때문에 비교하기가 어렵다는 것을 알게 되었습니다. 편리하게 비교하기 위해 띠그래프의 칸 수를 같게 만들려고 합니다.

9 (1) 몇 칸으로 하는 것이 좋을까요? 그렇게 생각한 이유를 설명해 보세요.

(2) (1)번에서 답한 대로 칸 수가 같은 띠그래프를 만들 경우 각 학급의 학생 1명에 해당하는 칸은 몇 칸일까요?

_____

(3) 학급별로 칸 수가 같은 띠그래프에 각각의 체험 학습을 선택한 학생들의 수를 색칠해 보세요.

이슬이 반

삼식이 반

(4) 분수를 사용하여 두 학급을 비교하는 글을 써 보세요.

_____
_____
_____
_____

이슬이 반   삼식이 반

이슬이와 삼식이는 낙농 체험을 하기로 하고, 친구들과 어른들에게 어떤 동물을 체험하고 싶은지 조사하여 학교 신문에 그 결과를 실었습니다. 다음은 기사의 일부 내용입니다.

 # 학교 소식

낙농 체험! 상상만 해도 기분이 좋습니다. 낙농 체험을 통해 우리는 학교에서 배우지 못하는 생명의 신비와 일의 소중함을 느낄 수 있을 것입니다. 친구들 20명과 어른들에게 어떤 동물을 체험하고 싶은지 질문을 했는데, 답변 내용은 다음과 같습니다.

- 친구들 중 $\frac{1}{4}$이 양이라고 답변함.
- 친구들 중 $\frac{1}{2}$이 소라고 답변함.
- 친구들 중 $\frac{1}{4}$이 말이라고 답변함.
- 어른들 중 $\frac{1}{3}$이 양이라고 답변함.
- 어른들 중 $\frac{1}{2}$이 소라고 답변함.
- 어른들 중 $\frac{1}{6}$이 사슴이라고 답변함.

10 양이라고 답한 친구들은 몇 명일까요?

11 소나 말이라고 답한 친구들의 수를 분수로 나타내 보세요.

이슬이와 삼식이가 깜빡 잊고 어른들을 몇 명 조사했는지 빠뜨렸습니다.

> 아이들과 어른들이 서로 체험하고 싶어하는 동물이 조금씩 다르구나~.

> 그런데 아이들은 20명을 조사한 것으로 되어 있는데 어른들은 도대체 몇 명을 조사한 거야?

12 모두 몇 명의 어른들을 조사했는지 짐작해 보세요. 왜 그렇게 생각하나요?

연습 문제

인라인 스케이트를 좋아하는 시원이는 다른 친구들이 어떤 운동을 좋아하는지 궁금했습니다.

- 응답자 중 $\frac{1}{3}$이 축구라고 답변함.
- 응답자 중 $\frac{1}{3}$이 농구라고 답변함.
- 응답자 중 $\frac{1}{5}$이 인라인 스케이트라고 답변함.
- 나머지 친구들은 자전거 타기, 태권도라고 답변함.

시원이가 반 친구들을 상대로 설문조사를 해 본 결과 알게 된 내용은 다음과 같습니다.

1. 시원이가 설문조사한 친구들은 모두 몇 명일까요? 왜 그렇게 생각하나요?

2. 조사한 내용을 띠그래프를 이용하여 나타내 보세요.

3. 설문조사에 답한 친구들 중 자전거 타기와 태권도를 좋아한다는 친구들의 수를 분수로 나타내 보세요.

상상 논술

각각의 그림을 보고 생각나는 것을 정리해 보세요. 이 단원에서 배운 것 중 어떤 내용이 떠오르나요? 떠오른 생각을 글로 써 보세요. 한 문장 이상이 되도록 적어 보세요.

네 번째 이야기

커졌다? 작아졌다?

세 번째 이야기에서 사람 수가 다른 두 집단을 비교할 때 띠그래프를 사용하면 편리하다는 것을 알아보았죠? 이 단원에서는 띠그래프를 사용하여 분모가 다른 분수를 비교하거나 더하기와 빼기 문제를 해결하는 방법에 대해 알아봅니다. 또 분모가 다른 분수를 동시에 띠그래프에 나타내기 위해 두 분수의 공통된 분모를 찾아봅니다. 토끼굴에 빠진 앨리스가 갑자기 커지고 작아지는 이야기를 알고 있지요? 여기에서는 분수를 사용하여 앨리스가 갑자기 커진 이유와 그때 앨리스의 키가 얼마인지를 알아봅니다. 이 과정에서 여러분은 분수의 곱셈을 어떻게 하는지 이해하게 될 거예요.

1. 인터넷 속에도 목장이 있네

목장에서는 더 재미있는 낙농 체험 프로그램을 만들기 위해 그동안 체험 활동을 한 사람들을 대상으로 설문조사를 하였습니다. 팔복이는 주인아저씨를 도와 설문 내용을 정리하고 그 결과를 기사로 작성하여 홈페이지의 '낙농체험'코너에 올리기로 하였습니다.

조사 내용은 목장에서 이루어진 다양한 체험 활동에 대한 의견을 알아보는 것이었습니다. 설문 결과는 다음과 같습니다.

- 응답자의 $\frac{1}{3}$은 체험 활동 종류가 다양하면서도 알차고 재미있었다고 답함.
- 응답자의 $\frac{1}{4}$은 체험 활동이 알차고 재미는 있었지만 체험 활동 종류가 더 많았으면 좋겠다고 답함.
- 응답자의 $\frac{1}{6}$은 체험 활동이 매우 지루하고 재미없었다고 답함.

팔복이는 다른 사람이 알아보기 쉽게 이 결과를 띠그래프로 나타내어 홈페이지에 올리기로 하였습니다.

1 체험 활동에 대한 설문 결과를 띠그래프를 이용해 나타내 보세요.

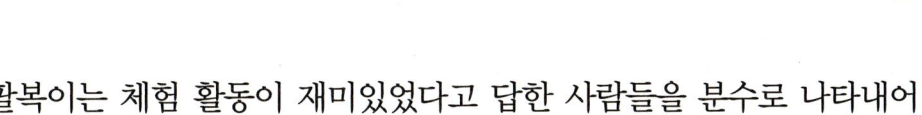

팔복이는 체험 활동이 재미있었다고 답한 사람들을 분수로 나타내어 홈페이지에 올리기로 하였습니다.

2 재미있었다고 답한 사람들은 분수로 나타내면 얼마일까요?

오공이는 목장 홈페이지를 구경하다가 '목장통신' 코너에서 어린이들과 어른들이 좋아하는 목장의 가공 식품에 대해 조사한 글을 발견하였습니다.

	어린이	어른
소시지	$\frac{1}{2}$	$\frac{1}{6}$
햄	$\frac{1}{4}$	$\frac{1}{3}$
치즈	$\frac{1}{6}$	$\frac{1}{4}$

오공이는 자신이 좋아하는 치즈에 몇 사람이 답했는지 궁금하여 자세히 살펴보기로 했습니다.

3 (1) 띠그래프에 $\frac{1}{6}$과 $\frac{1}{4}$을 함께 나타내려면 칸 수를 얼마씩 하는 것이 좋은지 세 가지를 생각해 보세요.

(2) (1)번 문제에서 생각한 세 가지 경우 중 한 가지를 택하여 $\frac{1}{6}$과 $\frac{1}{4}$을 나타내는 띠그래프를 만들어 보세요.

(3) 치즈를 좋아한다고 답한 어린이의 분수와 어른의 분수 차는 얼마인 가요?

햄을 좋아하는 어린이의 분수와 어른의 분수를 서로 비교하려고 합니다.

4 (1) 1개의 띠그래프에 $\frac{1}{4}$과 $\frac{1}{3}$을 모두 나타내려면 칸 수를 얼마로 해야 할까요?

(2) 햄을 좋아하는 어린이의 분수와 어른의 분수의 차는 얼마인가요?

오공이는 앞쪽의 분수 표에서 각 세로줄의 합이 1이 되지 않는 것을 알게 되었습니다.

5 어떻게 알 수 있을까요?
_____
_____
_____

오공이는 띠그래프를 이용하여 소시지, 햄, 치즈 이외의 가공 식품을 좋아하는 어린이의 수와 어른의 수를 각각 분수로 나타내려고 합니다.

6 (1) 띠그래프를 만들어 보세요.

어린이

어른

(2) 띠그래프에 나타난 어린이의 수를 분수로 나타내면 얼마인가요?
_____
_____

(3) 띠그래프에 나타난 어른의 수를 분수로 나타내면 얼마인가요?
_____

오공이는 '신나는 목장체험'이라는 코너에서 지난 1년 동안 어떤 체험이 가장 재미있었는지 설문조사한 결과를 발견하였습니다.

쭉쭉 우유 짜기	$\frac{1}{2}$
질겅질겅 사료 주기	$\frac{1}{6}$
두근두근 송아지 우유 주기	$\frac{1}{3}$
사르르 우유 아이스크림 만들기	$\frac{1}{4}$

7 (1) 모두 더한 값은 얼마인가요?

(2) (1)번에서 구한 값을 어떻게 설명할 수 있나요?

2. 요리쿵 조리쿵!

어른들이 식사 준비를 하는 동안 아이들도 어른들을 돕기로 하였습니다. 육영이네 가족은 부대찌개를 만들어 먹기로 했습니다. 다음은 육영이가 미리 알아 온 부대찌개 요리법입니다.

재료

- 햄 ····· 100g
- 소시지 ····· 2개
- 베이컨 ····· 5장
- 김치 ····· $\frac{1}{2}$ 포기
- 두부 ····· $\frac{1}{3}$ 모
- 풋고추 ····· 2개
- 양송이버섯 ····· 2개
- 표고버섯 ····· 1개
- 깻잎 ····· 10장
- 스파게티 국수 ····· 50g
- 곤약 ····· 70g
- 쑥갓 ····· 약간
- 육수 ····· 4컵

양념장 재료 — 고춧가루 3큰술, 고추장 1작은술, 설탕 1큰술, 다진파 1큰술, 다진 마늘 1작은술, 육수·후추·깨소금 약간씩

만드는 법

1. 햄은 5cm 두께로 썰어 놓고 소시지는 반으로 가르고 베이컨은 4~5cm 길이로 썬다.
2. 김치는 속을 털어 낸 뒤 4~5cm 길이로 썰고 두부는 도톰하게 썬다. 풋고추는 어슷하게 썰고, 깻잎은 큼직하게 길이로 썰고 스파게티 국수는 삶아 놓는다.
3. 양념장 재료를 섞어 놓는다.
4. 전골 냄비에 준비한 재료를 보기 좋게 돌려 담은 뒤 양념장을 넣고 어우러지게 끓이면서 스파게티 국수를 넣고 푹 끓여 낸다.

육영이네 가족은 모두 6명입니다. 재료 중 햄이나 소시지, 베이컨은 목장에서 운영하는 가게에서 사기로 하였습니다.

육영이와 동생은 먼저 사야 할 재료의 양을 계산해 보기로 하였습니다.

1   햄과 베이컨은 각각 얼마씩 사야 할까요?

2 육영이의 계산 방법인 $\frac{1}{2} \times 3 = \frac{3}{2}$이 옳은 이유를 설명해 보세요.

사랑이네와 팔복이네는 부대찌개를 함께 만들어 먹기로 하였습니다. 사랑이네와 팔복이네는 모두 12명입니다. 12인분의 부대찌개에 두부가 얼마나 필요한지 알아보기 위해 다음과 같이 여러 가지 표를 만들어 보았습니다.

3 (1) 어떻게 계산하였는지 설명해 보세요.

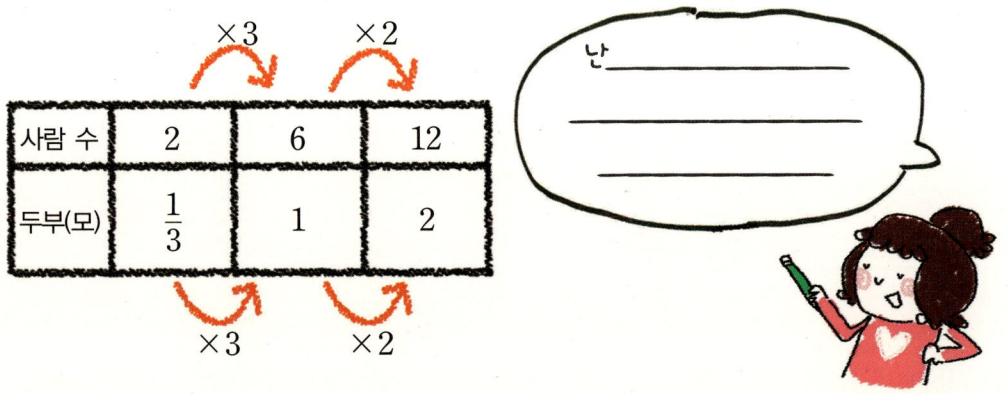

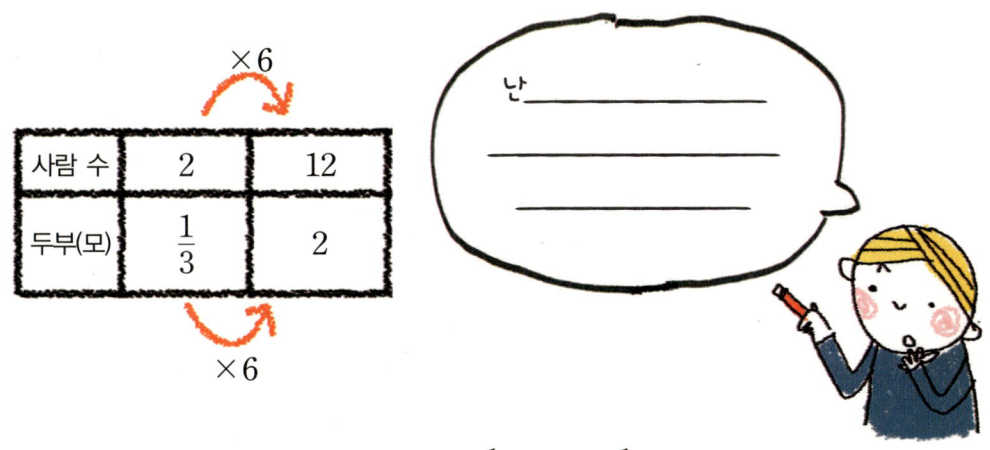

(2) 사랑이와 팔복이의 계산 방법 중 $\frac{1}{3} \times 3 = 1$, $\frac{1}{3} \times 6 = 2$가 옳은 이유를 설명해 보세요.

4 $\frac{1}{3} \times 6$과 $\frac{1 \times 6}{3}$이 같다면 왜 같은지 이유를 설명하고, 다르다면 왜 다른지 이유를 설명해 보세요.

18인분의 부대찌개를 만들기 위해 필요한 재료를
다음과 같은 표를 만들어 한꺼번에 나타내려고 합니다.

5 〈활동지 9〉의 표를 완성해 보세요.

사람 수 / 재료	2명					
햄	100g					
소시지	2개					
베이컨	5장					
김치	$\frac{1}{2}$포기					
두부	$\frac{1}{3}$모					
스파게티 국수	50g					
곤약	70g					
육수	4컵					

세트 메뉴 음식을 파는 식당의 요리사는 손님이 오면 다음과 같은 판매 기록 노트에 준비해야 할 음식의 양을 적습니다.

6 오른쪽 표를 완성해 보세요.

세트 메뉴(2인분)
5000원

사람 수	2명	8명
떡볶이(접시)	1	1×4=3
김밥(줄)	2	
돈가스(조각)	$\frac{1}{2}$	

과일주스(1인분)
4000원

사람 수	1명	4명
바나나(조각)	$\frac{1}{3}$	
우유(컵)	$\frac{1}{2}$	
파인애플(조각)	$\frac{1}{4}$	

세트 메뉴(2인분)
6000원

사람 수	2명	6명
치킨(조각)	5	
주스(컵)	1	
피자(조각)	$\frac{1}{3}$	

3. 분수 나라의 앨리스

루이스 캐롤이 지은 환상의 동화 《이상한 나라의 앨리스》를 읽어 보았나요? 이 책은 우연히 이상한 나라에 들어가게 된 앨리스의 흥미진진한 모험 이야기로 가득합니다.

1   《이상한 나라의 앨리스》의 줄거리를 친구들과 이야기해 보세요.

하얀 토끼를 따라 토끼굴에 들어간 앨리스! 테이블 위에 놓인 과자를 먹은 앨리스는 키가 쑤욱 커졌습니다.

2 (1) 아래에 있는 과자를 앨리스가 먹는다면 키는 어떻게 될까요?

(가) 2

(나) 3

(다) 5

(2) 과자를 먹고 난 뒤에 바뀐 앨리스의 키를 두 수의 곱으로 나타내 보세요.

(3) 앨리스의 키가 바뀌지 않으려면 어떤 숫자가 적힌 과자를 먹어야 할까요?

이번에 앨리스는 '나를 마셔 주세요' 라는 꼬리표가 달려 있는 요술 병에 든 음료를 마시고 키가 작아졌습니다.

3 (1) 아래의 요술병에 든 음료를 마시면 앨리스의 키는 얼마가 될까요?

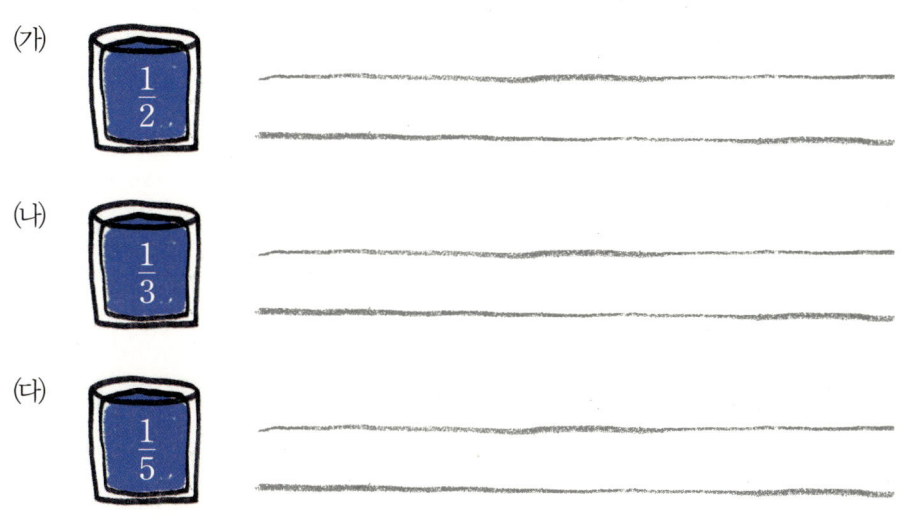

(2) 요술병에 든 음료를 마신 후에 바뀐 앨리스의 키를 두 수의 곱으로 나타내 보세요.

앨리스가 $\frac{3}{2}$이라는 숫자가 적힌 과자를 먹었습니다.

4 과자를 먹은 후에 바뀐 앨리스의 키를 두 수의 곱으로 나타내 보세요.

바뀐 앨리스의 키를 정확히 계산하기 위해 이슬이와 사랑이는 다음과 같이 계산해 보았습니다.

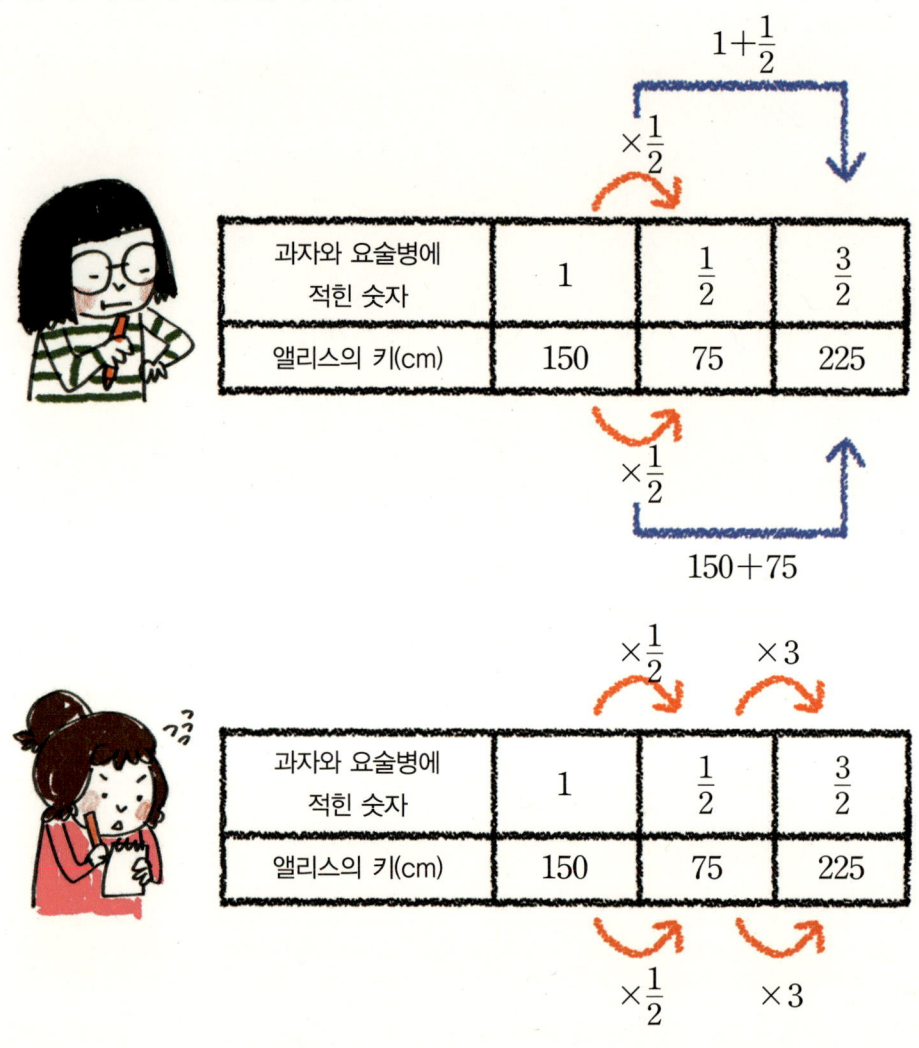

5 (1) 이슬이가 사용한 방법을 설명해 보세요.

   (2) 사랑이의 계산법에서 $150 \times \frac{3}{2}$은 $150 \times \frac{1}{2}$의 몇 배인가요?

앨리스가 $\frac{2}{3}$이라는 숫자가 적힌 음료를 마셨습니다.

6 (1) 음료를 마신 후에 바뀐 앨리스의 키를 두 수의 곱으로 나타내 보세요.

   (2) 다음 표를 이용하여 음료를 마신 후에 바뀐 앨리스의 키를 구해 보세요.

과자와 요술병에 적힌 숫자	1		$\frac{2}{3}$
앨리스의 키(cm)	150		

4. 포장을 예쁘게

목장에서 가공한 제품을 담은 선물세트를 포장하기 위해 끈과 포장지를 미리 준비해 놓으려고 합니다.

오공이와 육영이는 먼저 포장할 끈을 대략 짐작하여 2m 길이로 잘랐습니다. 포장을 다 마친 후 이 끈의 $\frac{3}{4}$만 사용한 것을 알았습니다.

1 (1) 포장할 때 필요한 끈의 길이를 두 수의 곱으로 나타내 보세요.

   (2) 포장하는 데 필요한 끈의 길이는 얼마인가요?

오공이는 포장지를 준비하기 위해 선물 상자의 밑면을 아래 그림과 같이 그려 보았습니다.

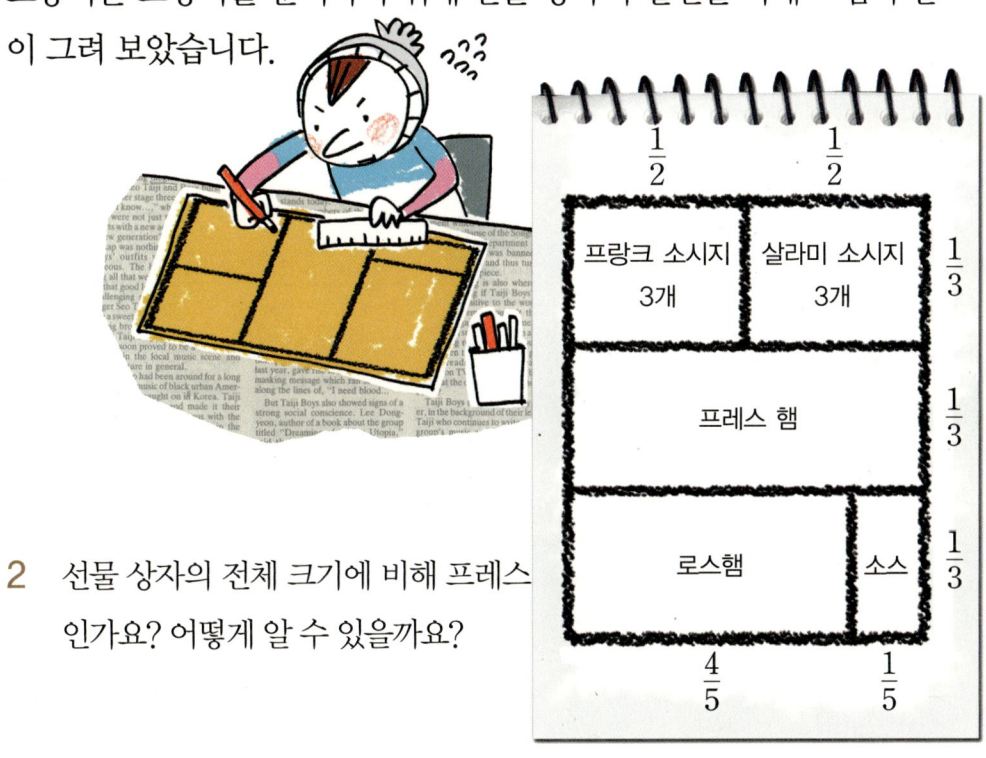

2 선물 상자의 전체 크기에 비해 프레스 햄은 인가요? 어떻게 알 수 있을까요?

3 육영이의 말은 옳은가요? 설명해 보세요.

___

오공이는 프랑크 소시지를 넣을 부분의 크기를 알아보기로 하였습니다. 오른쪽 그림은 선물 상자 밑면입니다.

먼저 프랑크 소시지와 살라미 소시지가 들어갈 부분의 크기를 알아보아야 합니다.

4 (1) 선물 상자 밑면을 어떻게 나누어야 할까요? 설명해 보세요.

(2) 그림에서 두 종류의 소시지가 들어갈 부분에 색칠해 보세요.

(3) 선물 상자 밑면의 전체 크기에 비해 색칠한 부분의 크기는 얼마인가요?

이제 프랑크 소시지를 넣을 부분의 크기를 알아보려고 합니다.

5 (1) 4번 문제에서 색칠한 선물 상자 밑면을 어떻게 나누어야 할까요? 설명해 보세요.

(2) 4번 문제의 그림에서 프랑크 소시지를 넣을 부분을 다른 색깔로 색칠해 보세요.

(3) 선물 상자 밑면의 전체 크기에 비해 프랑크 소시지를 넣을 부분의 크기는 얼마인가요?

(4) 프랑크 소시지를 넣을 부분의 크기를 두 분수의 곱으로 나타내 보세요.

육영이는 오공이와 달리 로스햄을 좋아해서 로스햄이 들어갈 부분의 크기를 계산해 보기로 하였습니다.

6 (1) 4번 문제에서 색칠한 선물 상자 밑면을 어떻게 나누어야 할까요? 설명해 보세요.

_____
_____
_____

(2) 위 그림에서 로스햄이 들어갈 부분에 색칠해 보세요.

(3) 선물 상자 밑면의 전체 크기에 비해 색칠한 부분의 크기는 얼마인가요?

_____

(4) 로스햄을 넣을 부분의 크기를 두 분수의 곱으로 나타내 보세요.

_____

분수가 포함된 곱셈에서는 그림을 그려 보면 답을 구하는 데 도움이 됩니다.

오공이와 육영이는 선물 상자 포장지를 크기에 맞게 잘라 놓으려고 합니다. 포장지의 크기를 정한 다음 넓은 포장지 위에 아래와 같이 선물 상자를 포장할 포장지의 그림을 그렸습니다.

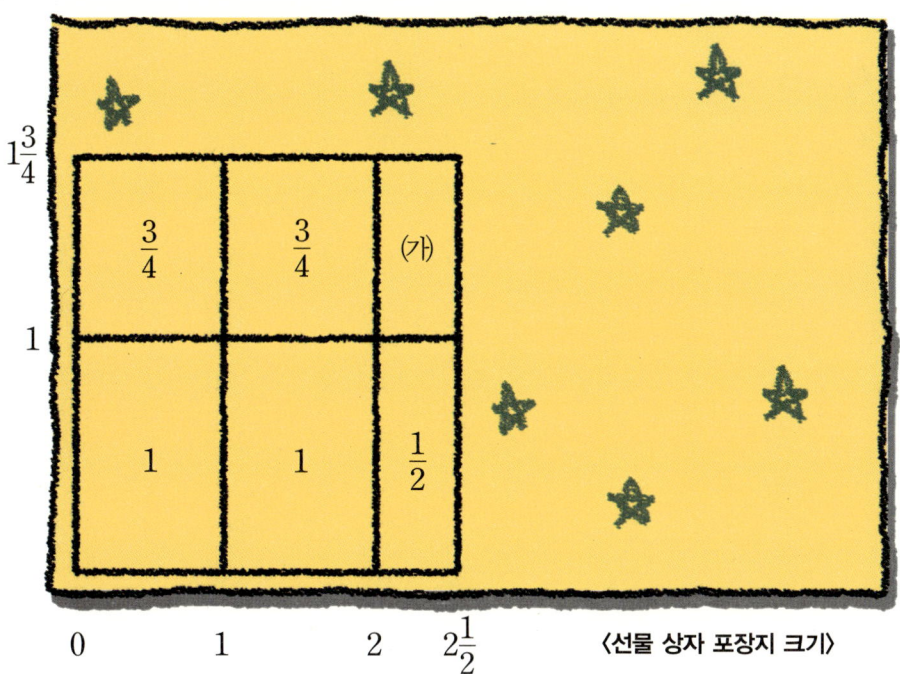

7   (1) (가)에 써넣을 숫자를 두 수의 곱으로 나타내 보세요.

    (2) (가)에 써넣을 숫자는 무엇인가요?

육영이는 선물 상자 밑면의 크기를 기본 단위로 하여 포장지의 크기를 알아보려고 합니다.

〈선물 상자 밑면〉

8   선물 상자 포장지의 크기는 얼마인가요?

9 선물 상자 포장지의 크기를 두 분수의 곱으로 나타내 보세요.

아인슈타인의 사랑 방정식

여러분도 인터넷 용어와 휴대폰 이모티콘을 많이 사용해 봤을 거예요. 그런데 우리가 알고 있는 유명한 과학자 아인슈타인도 재미있는 수식을 만들었답니다. 바로 사랑 방정식이죠.

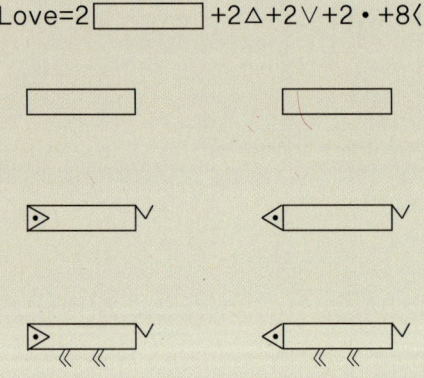

"가지 않으면 안 될 길을 마지못해 떠나가며 아쉬워 뒤돌아보는 그 마음! 갈 수 없는 길인데도 따라가지 않을 수 없는 안타까운 마음! 그 마음이 사랑이다."
이것이 아인슈타인이 생각한 사랑이라고 하네요.

5. 우유의 화려한 변신

나온 방송국의 '고향 소식'이라는 프로그램을 위해 리포터가 목장을 취재하러 왔습니다.

1. 치즈와 버터를 만들 원유의 양은 얼마인가요? 어떻게 알 수 있는지 설명해 보세요.

2. 마지막 장면에서 리포터의 말은 옳은가요?

3 목장에서 짠 우유 중 사람들이 마시는 우유, 분유, 치즈와 버터의 양을 다음 띠그래프에 나타내 보세요.

4 (1) 위의 띠그래프에 요구르트의 양을 색칠해 보세요.

   (2) 띠그래프에 나타낸 요구르트의 양을 두 수의 곱으로 나타내 보세요.

리포터는 취재한 내용을 기사로 작성하려고 합니다.

5 여러분이 리포터가 되어 기사를 작성해 보세요.

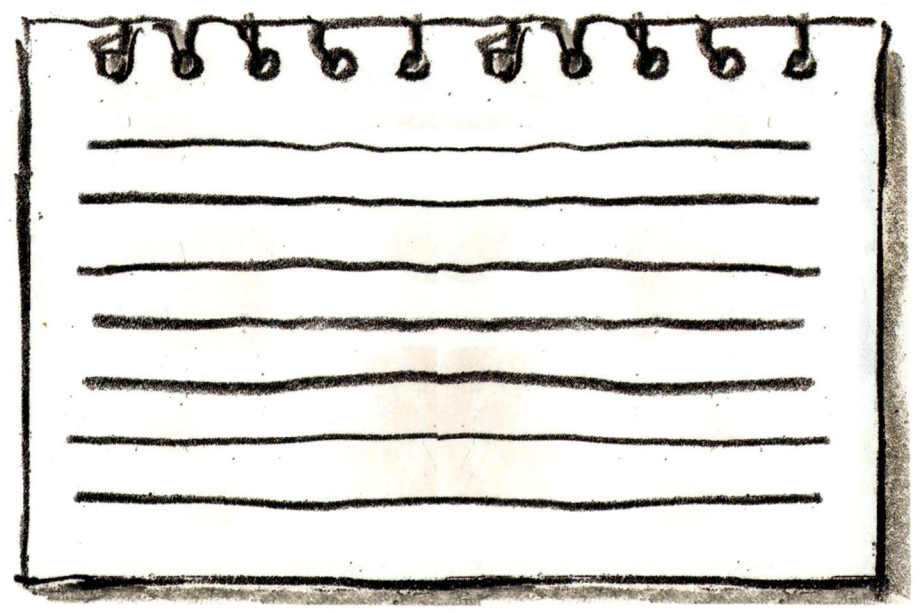

다음은 《어린이 신문》의 '궁금이의 세상읽기' 코너에 실린 기사의 일부입니다.

토요 휴업일에 뭐 하나 했더니

초등학생의 $\frac{1}{4}$은 토요 휴업일에 보호자 없이 혼자 지내며, $\frac{1}{3}$은 친구와 노는 것으로 조사됐다.

특히 혼자 지내는 초등학생의 $\frac{1}{2}$은 책을 읽거나 숙제를 하며, $\frac{1}{3}$은 컴퓨터 게임을 즐긴다고 대답했다.

6 (1) 설문에 답한 모든 응답자 중에서 혼자 지내면서 책을 읽거나 숙제를 하는 초등학생의 수를 분수로 나타내면 얼마일까요?

(2) 어떻게 구했는지 설명해 보세요.

휴대전화 용도는 주로 '사진 찍기'

초등학생들에게 휴대전화가 필요하냐는 질문에 전체 응답자 중 $\frac{1}{2}$이 '필요하다'고 답했으며, '전혀 또는 별로 필요 없다'는 응답자는 $\frac{3}{10}$에 그쳤다. 휴대전화가 필요하다고 답한 학생들 중 $\frac{5}{8}$가 휴대전화를 갖게 된다면 가장 하고 싶은 일로 '친구나 가족과 함께 사진 찍기'라고 응답했다.

7 (1) 설문에 답한 모든 응답자 중에서 휴대전화를 갖게 되면 주로 친구나 가족과 함께 사진 찍기를 할 것이라고 답한 초등학생의 수를 분수로 나타내면 얼마일까요?

(2) 어떻게 구했는지 설명해 보세요.

연습 문제

목장에서 치즈 만들기 체험을 하기로 했습니다.

1. 다음 가족들이 치즈를 만드는 데 필요한 재료의 분량은 얼마일까요?

사람 수 재료	3명	육영이네 6명	이슬이네 2명	동철이네 10명
우유(g)	800			
생크림(g)	450			
레몬즙(작은술)	6			
소금(작은술)	$\frac{1}{2}$			

2. 여러분이 삼식이의 고민을 풀어 줄 수 있나요? 친구들과 서로 이야기해 보세요.

상상 + 논술

각각의 그림을 보고 생각나는 것을 정리해 보세요. 이 단원에서 배운 것 중 어떤 내용이 떠오르나요? 떠오른 생각을 글로 써 보세요. 한 문장 이상이 되도록 적어 보세요.

마방진

마방진에 대해서는 많이 들어봤지요? 마방진은 가로와 세로의 칸이 같은 사각형에 1부터 사각형의 칸 수까지를 차례대로 넣어 그 합이 모든 방향에서 같아지도록 만든 표입니다.

8	1	6
3	5	7
4	9	2

그림에서처럼 가로, 세로, 대각선으로 더해도 그 합이 모두 15입니다. 이런 마방진은 어떻게 구할 수 있을까요? 쉽게 구할 수 있는 방법이 있답니다. 그 비밀을 알아볼까요? 이 방법은 홀수×홀수 칸을 가진 마방진을 구하는 방법입니다. 이제 위에 있는 마방진의 숫자들을 어떻게 구했는지 하나씩 알아봅시다.

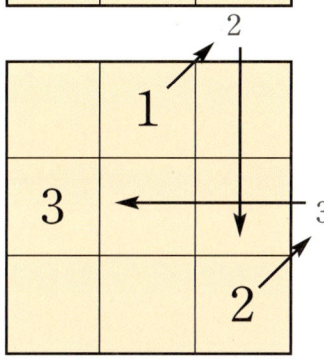

〈그림 1〉

① 첫 번째 숫자인 1을 첫 번째 행의 가운데 칸에 써넣습니다.

② 그 다음은 1이 있는 칸에서 대각선 방향으로 1칸을 이동합니다. 이때 칸이 아닌 곳으로 이동했다면 제일 먼 쪽에 있는 칸으로 이동하여 써 넣습니다. 〈그림 1〉과 같이 이동합니다.

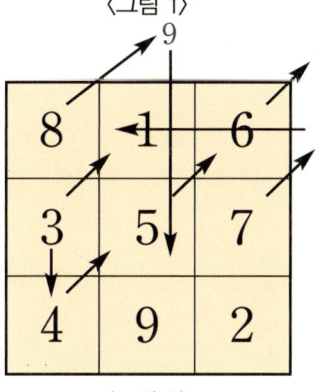

〈그림 2〉

③ 대각선 방향으로 빈칸이 있다면 계속 채워 나갑니다. 만일 대각선 방향으로 숫자가 이미 들어있는 칸을 만나면, 바로 아래 칸으로 내려가 숫자를 써넣고 다시 대각선 방향으로 움직입니다. 〈그림 2〉와 같이 이동합니다.

어때요? 재미있는 규칙이죠? 이제 5×5 마방진을 구해 보세요.

다섯 번째
이야기

백설공주와 일곱 난쟁이

우리는 분수로 나타낼 수 있는 양을 여러 사람이 나누어
가져야 하는 상황에 부딪히곤 합니다. 어떻게 해야 할까요?
이 단원에서는 이런 문제를 해결하기 위한 방법으로
분수의 나눗셈에 대해 알아봅니다. 또 이 과정에서
분수의 곱셈과 나눗셈 사이의 관계에 대해서도 살펴볼 거예요.
일곱 난쟁이들의 식사 준비를 하는 백설공주도 이런 고민에
빠졌네요. 준비한 음식이 분수로 표현되는 양만큼 있기 때문입니다.
이 음식들을 일곱 난쟁이에게 얼마만큼씩 나누어 줄지
백설공주의 고민이 이만저만이 아니랍니다. 이 단원을
공부하고 나면 여러분이 백설공주를 도울 수 있겠지요?

1. 공짜는 맛있어

고소해 우유 회사에서는 신제품에 대한 사람들의 반응을 알아보기 위해 시음회에 15명의 사람들을 초청했습니다.

새로 개발한 신제품은 집중력 우유, 저지방 우유, 맛짱 요구르트입니다. 시음회에 참여한 사람들에게 이 제품들을 제공하는데, 제품마다 1팩의 양을 3명씩 맛볼 수 있게 하였습니다.

신제품	1팩의 양(1컵은 150㎖)	
집중력 우유		1컵
저지방 우유		$\frac{2}{3}$컵
맛짱 요구르트		$\frac{3}{4}$컵

시음회를 준비하기 위해 영업부에서 일하는 사랑이 아빠와 육영이 아빠는 시음회에 참석한 사람들의 1명당 마실 분량을 계산해야 합니다.

집중력 우유의 1명당 마실 분량을 다음과 같이 계산했습니다.

1. 사랑이 아빠가 말한 내용 중 '1컵의 $\frac{1}{3}$배'를 곱셈 기호를 사용하여 나타내 보세요.

2. 사랑이 아빠는 어떻게 계산했을까요? 짐작하여 써 보세요.

3. 육영이 아빠의 1컵÷3의 값은 사랑이 아빠의 $1 \times \frac{1}{3}$배의 값과 같은가요? 설명해 보세요.

식탁 위에 있는 음식을 똑같이 나누어 먹으려고 합니다.

4   각 그림의 음식을 사람 수에 맞게 똑같이 나누어 보세요.

5   각각의 그림에서 1명이 먹을 수 있는 양은 얼마일까요? 어떻게 계산했는지 써 보세요.

6   각각의 그림에서 1명이 먹을 수 있는 양을 나눗셈으로 어떻게 나타낼까요?

육영이 아빠가 5~6번 문제의 답을 곰곰이 살펴보고 나서 사랑이 아빠에게 다음과 같이 말했습니다.

5~6번 문제를 살펴본 결과
_____
_____
_____ 을 알 수 있는 것 같아!

7 육영이 아빠가 뭐라고 했을까요? 육영이 아빠의 생각을 짐작하여 두 가지 이상 써 보세요.

사랑이 아빠와 육영이 아빠가 이번에는 저지방 우유의 1명당 마실 분량을 계산하려고 합니다.

8 (1) 두 수의 곱셈을 이용하여 계산해 보세요.

(2) 두 수의 나눗셈을 이용하여 나타내 보세요.

육영이 아빠는 저지방 우유의 1명당 마실 분량을 비율표를 사용하여 알아보기로 하였습니다.

9 표를 완성하고 저지방 우유의 1명당 마실 분량을 구해 보세요.

우유(컵)	$\frac{2}{3}$				
인원 수	3				

10 육영이 아빠의 방법을 설명해 보세요.

_____

11 육영이 아빠의 말을 완성해 보세요. 육영이 아빠의 생각을 짐작하여 두 가지 이상 써 보세요.

_____

다음의 여러 상황들에서 주어진 분량을 똑같이 나누려고 합니다.

12 (1) 주어진 분량을 똑같이 나눌 때 각자 가져갈 수 있는 양은 얼마일까요? 설명해 보세요.

(2) 각자 가져갈 수 있는 양을 나눗셈으로 나타내 보세요.

사랑이 아빠와 육영이 아빠는 맛짱 요구르트의 1명당 마실 분량도 계산해야 합니다.

13 맛짱 요구르트의 1명당 마실 분량을 두 수의 곱셈을 이용하여 계산해 보세요. 또 두 수의 나눗셈을 이용하여 나타내 보세요.

14 비율표를 이용하여 맛짱 요구르트의 1명당 마실 분량을 구해 보세요.

요구르트(컵)	$\frac{3}{4}$				
인원 수	3				

2. 백설공주 주방장이 되다

일곱 난쟁이와 같이 살게 된 백설공주! 백설공주는 난쟁이들의 식사를 준비하고 있습니다. 정성껏 마련한 음식은 우유, 주스, 소시지, 빵, 과일입니다.

일곱 난쟁이의 컵과 접시는 백설공주의 컵과 접시보다 작은 것을 사용합니다. 큰 그릇은 백설공주가 사용하고, 작은 그릇은 난쟁이들이 사용하지요. 작은 그릇의 크기는 큰 그릇의 $\frac{1}{4}$크기입니다.

1. 큰 그릇에 담겨 있는 수프는 작은 그릇 몇 개에 옮겨 담을 수 있을까요? 다음 그림에 색칠하고 설명해 보세요.

백설공주는 그림을 그리지 않고 작은 그릇의 개수를 구하는 방법을 알고 싶어합니다. 일곱 난쟁이들이 백설공주를 돕기로 하였습니다.

2 백설공주가 뭐라고 대답했을까요? 짐작하여 써 보세요.

3   2번 문제의 계산 방법을 이용하여 '2개의 큰 그릇에 담겨 있는 수프를 옮겨 담을 수 있는 작은 그릇의 개수'를 나눗셈으로 나타내 보세요.

1개의 큰 그릇에 가득 담겨 있는 수프는 4개의 작은 그릇에 옮겨 담을 수 있습니다.

4   '2개의 큰 그릇에 담겨 있는 수프를 옮겨 담을 수 있는 작은 그릇의 개수'를 곱셈으로 나타내 보세요.

백설공주는 주스를 좋아하는 난쟁이들을 위해 3개의 큰 컵에 주스를 가득 담아 식탁 위에 놓았습니다. 난쟁이가 사용하는 컵은 백설공주가 사용하는 컵의 $\frac{1}{5}$ 크기입니다.

5   (1) 1개의 큰 컵에 가득 들어 있는 주스는 작은 컵 몇 개에 옮겨 담을 수 있을까요? 그림에 색칠하고 설명해 보세요.

(2) '3개의 큰 컵에 담긴 주스를 옮겨 담을 수 있는 작은 컵의 개수'를 나눗셈으로 나타내 보세요.

___

(3) '3개의 큰 컵에 담긴 주스를 옮겨 담을 수 있는 작은 컵의 개수'를 곱셈으로 나타내 보세요.

___

그릇의 수는 들어 있는 양에 따라 다음과 같이 말하기로 합니다.

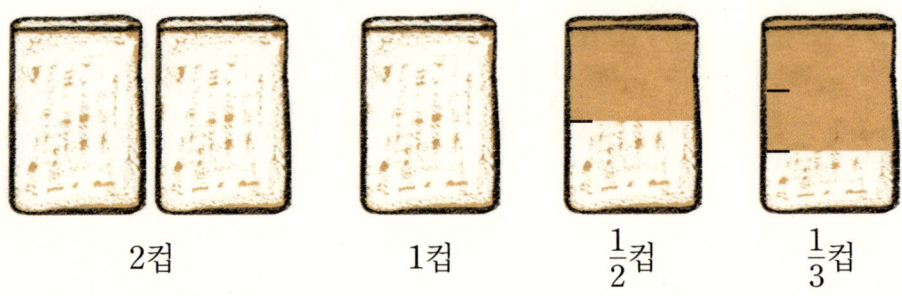

2컵　　　1컵　　　$\frac{1}{2}$컵　　　$\frac{1}{3}$컵

큰 그릇에 가득 들어 있는 것을 작은 그릇에 옮겨 담으려고 합니다.

작은 그릇에 옮겨 담아 보세요.

6 그림으로 표시해 보세요. 가득 찬 작은 그릇은 몇 개인가요? 조금 담긴 작은 그릇에는 얼마만큼 담겨 있나요?

	가득 찬 작은 그릇 수	조금 담긴 작은 그릇의 양

7 $\frac{4}{5}$그릇의 죽을 몇 개의 $\frac{2}{5}$그릇에 옮겨 담을 수 있을까요?

8 $\frac{1}{10}$그릇의 죽을 몇 개의 $\frac{2}{5}$그릇에 옮겨 담을 수 있을까요?

9 (1) '큰 그릇에 가득 담긴 것을 옮겨 담은 작은 그릇의 수'를 나눗셈으로 나타내 보세요.

(2) '큰 그릇에 가득 담긴 것을 옮겨 담은 작은 그릇의 수'를 곱셈으로 나타내 보세요.

백설공주는 식품 창고에 보관해 둔 롤 소시지를 구워 난쟁이들에게 주기로 하였습니다. 롤 소시지는 길이가 $\frac{4}{5}$m인 것을 $\frac{1}{5}$m씩 잘라 접시 위에 올려놓기로 하였습니다.

자른 소시지 도막의 수를 잘라 낸 양에 따라 다음과 같이 말하기로 합니다.

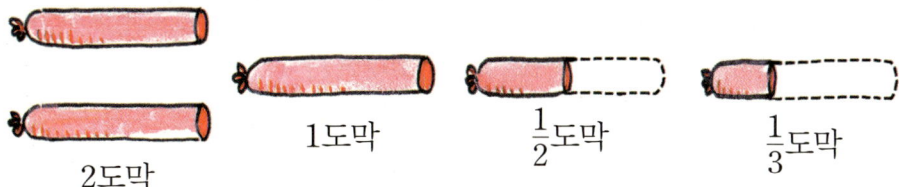

다음은 $\frac{4}{5}$m의 롤 소시지를 길게 펼쳐 놓은 것입니다.

10 $\frac{1}{5}$m씩 잘라 보세요. 몇 개의 도막으로 나누어질까요? 설명해 보세요.

11 '소시지를 잘랐을 때 생기는 도막의 개수'를 나눗셈으로 나타내 보세요.

12 10번 문제에서 도막의 개수는 4÷1을 계산한 값과 같을까요, 다를까요? 설명해 보세요.

소시지를 $\frac{1}{5}$m씩 자르면 일곱 난쟁이들이 한 도막씩 먹을 수가 없습니다.

13 난쟁이들이 한 도막씩 먹으려면 얼마만큼의 길이로 잘라야 할까요? 설명해 보세요.

선물을 포장할 때에는 일정한 길이의 끈이 필요합니다. 오른쪽 그림과 같이 선물 포장을 하기 위해서는 $\frac{7}{8}$m의 끈을 $\frac{2}{8}$m씩 잘라야 합니다.

다음은 $\frac{7}{8}$m의 끈을 길게 펼쳐 놓은 것입니다.

14 $\frac{4}{8}$m의 끈을 $\frac{2}{8}$m씩 자르면 몇 도막이 될까요?

15 (1) $\frac{1}{8}$m의 끈을 $\frac{2}{8}$m씩 자르면 몇 도막이 될까요?

(2) $\frac{1}{16}$m의 끈을 $\frac{2}{8}$m씩 자르면 몇 도막이 될까요?

16 (1) $\frac{7}{8}$m의 끈을 $\frac{2}{8}$m씩 잘라 보세요. 몇 개의 도막으로 나누어질까요? 설명해 보세요.

(2) '끈을 잘랐을 때 생기는 도막의 개수'를 나눗셈으로 나타내 보세요.

(3) (2)번 문제에서 나타낸 도막의 개수는 7÷2를 계산한 값과 같을까요, 다를까요? 설명해 보세요.

일곱 난쟁이들에게 도움을 많이 받은 백설공주는 고마움을 나타내기 위해 예쁜 허리띠를 만들어 선물하기로 하였습니다.

먼저 난쟁이들이 하고 있는 허리띠의 길이를 재 보니 $\frac{2}{3}$m였습니다. 그런데 백설공주가 가지고 있는 여러 개의 가죽띠 길이는 각각 $\frac{3}{4}$m입니다.

다음은 길이가 1m인 가죽띠 2개를 펼쳐 놓은 것입니다.

17 (1) 첫 번째 가죽띠에서 길이를 4개로 똑같이 나누고, $\frac{3}{4}$m가 되도록 색칠해 보세요.

(2) 두 번째 가죽띠에서 길이를 3개로 똑같이 나누고, $\frac{2}{3}$m가 되도록 색칠해 보세요.

(3) $\frac{3}{4}$m의 가죽띠를 $\frac{2}{3}$m씩 자르면 몇 도막이 될까요? 설명해 보세요.

(4) '가죽띠를 잘랐을 때 생기는 도막의 개수'를 나눗셈으로 나타내 보세요.

백설공주는 $\frac{3}{4}$m와 $\frac{2}{3}$m의 분모가 다르기 때문에 자른 가죽띠의 도막의 개수를 알기가 어렵다는 것을 알게 되었습니다.

18 (1) 도막의 개수를 쉽게 알아보기 위하여 분모의 수를 같게 하려고 합니다. 얼마로 하는 것이 좋을까요? 그렇게 생각한 이유를 설명해 보세요.

(2) (1)번 문제에서 생각한 숫자가 분모가 되도록 두 분수 $\frac{3}{4}$과 $\frac{2}{3}$를 바꾸려고 합니다. 분자와 분모에 각각 얼마씩 곱해야 할까요?

(3) (2)번 문제에서 바꾼 두 수의 분모 수만큼 2개의 가죽띠를 다시 똑같이 나누어 보세요.

(4) (2)번 문제에서 바꾼 두 수를 이용하여 '가죽띠를 잘랐을 때 생기는 도막의 개수'를 나눗셈으로 어떻게 나타낼 수 있을까요?

19 $\frac{3}{4} \div \frac{2}{3}$의 값과 $\frac{9}{12} \div \frac{8}{12}$의 값, $9 \div 8$의 값은 같을까요? 설명해 보세요.

매듭을 이용하여 열쇠고리 등의 장신구를 만들 때에는 일정한 길이의 끈이 필요합니다. 오른쪽 그림과 같은 열쇠고리 1개를 만들기 위해서는 $\frac{5}{6}$ m의 매듭실을 $\frac{3}{4}$ m씩 잘라야 합니다.

다음은 $\frac{5}{6}$ m의 끈을 길게 펼쳐 놓은 것입니다.

20 (1) 다음은 1m의 매듭실입니다. 길이를 똑같이 나누어 $\frac{3}{4}$ 만큼 색칠해 보세요.

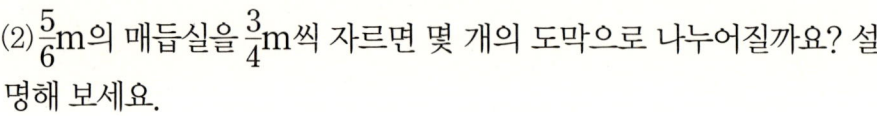

(2) $\frac{5}{6}$ m의 매듭실을 $\frac{3}{4}$ m씩 자르면 몇 개의 도막으로 나누어질까요? 설명해 보세요.

(3) '매듭실을 잘랐을 때 생기는 도막의 개수'를 나눗셈으로 나타내 보세요.

21 (1) 분모가 같도록 두 분수 $\frac{5}{6}$와 $\frac{3}{4}$을 바꾸려고 합니다. 분자와 분모에 각각 얼마씩 곱해야 할까요?

___

(2) (1)번 문제에서 바꾼 두 수의 분모 수만큼 2개의 매듭실을 다시 똑같이 나누어 보세요.

___

(3) (1)번 문제에서 바꾼 두 수를 이용하여 '가죽띠를 잘랐을 때 생기는 도막의 개수'를 나눗셈으로 어떻게 나타낼 수 있을까요?

___

22 17~18번 문제를 해결하면서 $\frac{5}{6} \div \frac{3}{4}$의 값과 같은 값을 갖는 나눗셈을 써 보세요.

___

너 이거 알아? 아주 아주 큰 수, 구골

1940년대 미국에서는 큰 수를 나타내는 '구골'이라는 단위가 나타났답니다. 이 단위는 미국의 수학자 에드워드 캐스너가 자신이 쓴 책 《수학과 상상》에서 썼다고 합니다. 구골(Googol)은 10을 100번 곱한 것입니다. 즉 1 다음에 0이 100개가 놓인 수죠. 이 수의 크기가 짐작이 안되죠?

구골보다 더 큰수가 또 있답니다. 바로 구골플렉스(googolplex)! 이 수는 10을 10억 번 곱한 것이라고 합니다. 즉 1 다음에 0이 10억 개가 놓인 수죠.

연습 문제

서현이가 사는 곳에서는 매년 나비 축제를 개최합니다. 축제 기간 중에는 $6\frac{1}{2}$km를 달리는 건강 달리기인 나비 마라톤 대회도 함께 진행합니다. 참가자들은 시민 운동장에서 출발하여 강변도로를 따라 달리며 강변 공원을 반환점으로 하여 다시 시민 운동장으로 돌아오면 됩니다.

서현이는 지역 마라톤 동호회 회원으로 활동하고 있습니다. 서현이와 몇몇 회원들이 달리기 구간에 음료수대를 만들기로 하였습니다.

1 '시민 운동장에서 반환점까지의 거리'를 두 수의 나눗셈을 이용하여 구해 보세요. 얼마일까요? 어떻게 구했는지 설명해 보세요.

서현이와 동호회 회원들은 시민 운동장에서부터 $\frac{2}{3}$km마다 음료수대를 설치하기로 하였습니다. 반환점에서 돌아올 때는 앞에서 설치한 음료수대를 이용하기로 합니다.

2. 시민 운동장에서 반환점까지 몇 개의 음료수대를 설치할 수 있을까요? 두 수의 나눗셈을 이용하여 구해 보세요.

3. 반환점에서 가장 가까운 음료수대까지의 거리는 얼마일까요? 어떻게 구했는지 설명해 보세요.

다음은 나비 마라톤 대회가 진행될 시민 운동장에서 강변공원을 이어 주는 달리기 코스입니다.

4 아래의 달리기 코스에 음료수대가 어디에 있는지 나타내 보세요.

상상 + 논술

각각의 그림을 보고 생각나는 것을 정리해 보세요. 이 단원에서 배운 것 중 어떤 내용이 떠오르나요? 떠오른 생각을 글로 써 보세요. 한 문장 이상이 되도록 적어 보세요.

memo

memo

새로 쓰는
초등
수학 교과서
활동지

memo

새로 쓰는
초등
수학 교과서
활동지

* 활동지는 한 장씩 잘라서 사용하세요.

활동지 1

2 아이들 각자가 먹을 양을 색칠해 보세요.

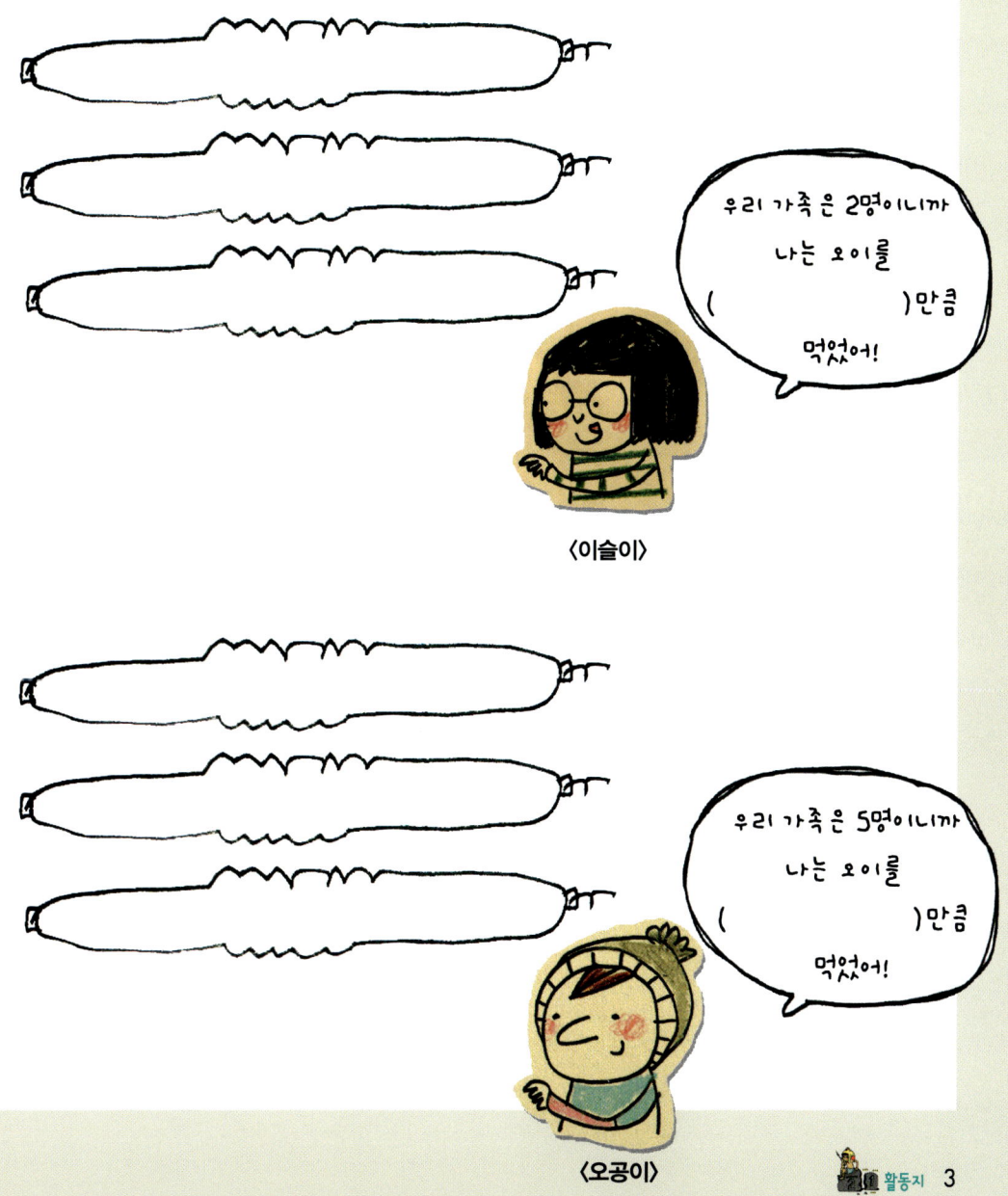

〈이슬이〉 우리 가족은 2명이니까 나는 오이를 (   )만큼 먹었어!

〈오공이〉 우리 가족은 5명이니까 나는 오이를 (   )만큼 먹었어!

memo

활동지 1

우리 가족은 4명이니까 나는 오이를 (　　　)만큼 먹었어!

〈사랑이〉

우리 가족은 6명이니까 나는 오이를 (　　　)만큼 먹었어!

〈육영이〉

memo

활동지 2

1 가족들의 이름을 적을 수 있도록 종이 테이프를 똑같이 접어 오려서 붙여 보세요.

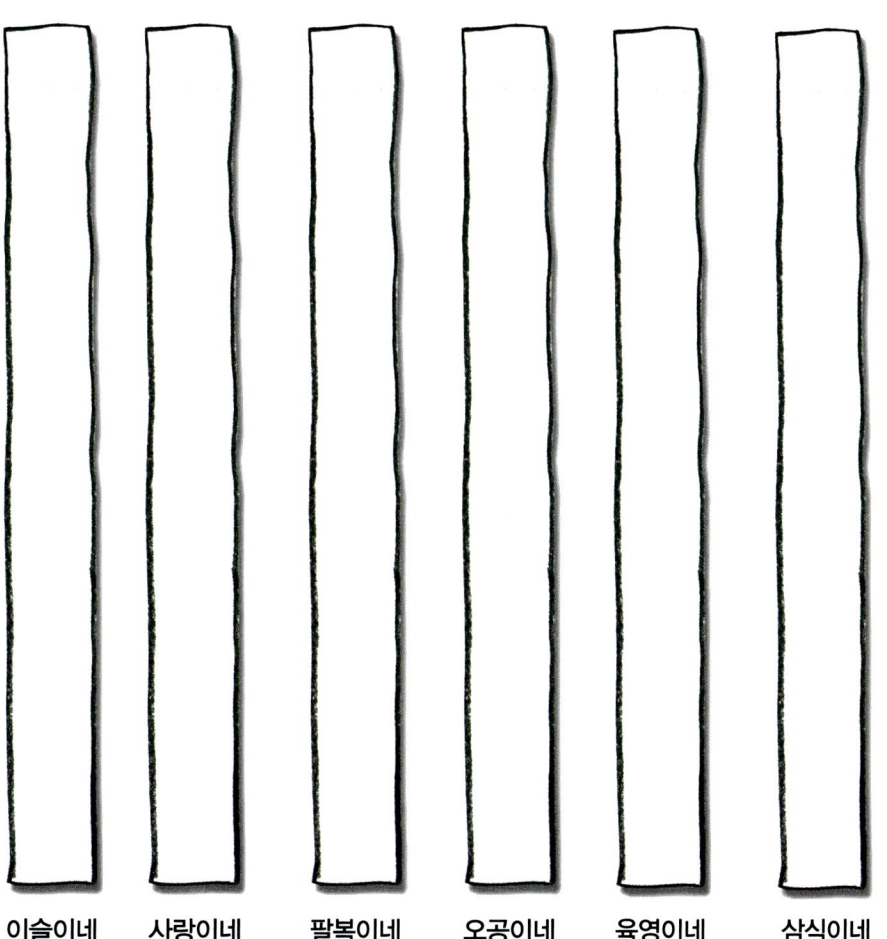

이슬이네   사랑이네   팔복이네   오공이네   육영이네   삼식이네

memo

활동지 3

$\frac{2}{2}$	$\frac{3}{3}$	$\frac{4}{4}$	$\frac{5}{5}$	$\frac{6}{6}$	$\frac{7}{7}$	$\frac{8}{8}$	$\frac{9}{9}$	$\frac{10}{10}$	$\frac{12}{12}$
					$\frac{6}{7}$	$\frac{7}{8}$	$\frac{8}{9}$	$\frac{9}{10}$	$\frac{11}{12}$
			$\frac{4}{5}$	$\frac{5}{6}$			$\frac{7}{9}$	$\frac{8}{10}$	$\frac{10}{12}$
		$\frac{3}{4}$			$\frac{5}{7}$	$\frac{6}{8}$		$\frac{7}{10}$	$\frac{9}{12}$
	$\frac{2}{3}$		$\frac{3}{5}$	$\frac{4}{6}$		$\frac{5}{8}$	$\frac{6}{9}$	$\frac{6}{10}$	$\frac{8}{12}$
					$\frac{4}{7}$		$\frac{5}{9}$		$\frac{7}{12}$
$\frac{1}{2}$		$\frac{2}{4}$	$\frac{2}{5}$	$\frac{3}{6}$	$\frac{3}{7}$	$\frac{4}{8}$	$\frac{4}{9}$	$\frac{5}{10}$	$\frac{6}{12}$
						$\frac{3}{8}$		$\frac{4}{10}$	$\frac{5}{12}$
	$\frac{1}{3}$			$\frac{2}{6}$	$\frac{2}{7}$		$\frac{3}{9}$	$\frac{3}{10}$	$\frac{4}{12}$
		$\frac{1}{4}$				$\frac{2}{8}$			$\frac{3}{12}$
			$\frac{1}{5}$	$\frac{1}{6}$	$\frac{1}{7}$	$\frac{1}{8}$	$\frac{2}{9}$	$\frac{2}{10}$	$\frac{2}{12}$
							$\frac{1}{9}$	$\frac{1}{10}$	$\frac{1}{12}$

memo

memo

활동지 5

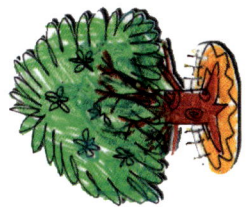

memo

활동지 6

목장 소식

이번 호에서는 우리 목장에 있는 동물들의 수를 알아보았습니다.

기사 작성 : 정팔복

memo

활동지 7

1 어떤 음식을 몇 명이 먹고 싶어하는지 표시해 보세요. 음식의 종류에 따라 서로 다른 색을 사용하여 칠해 보세요.

이슬이 반

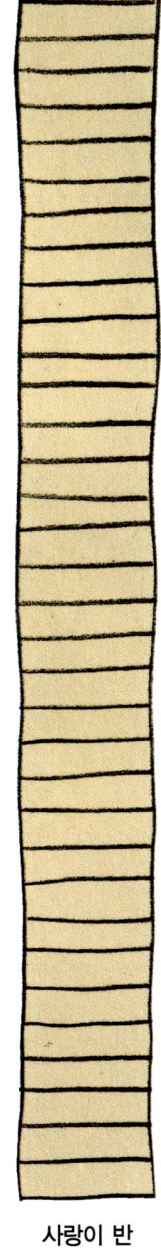
사랑이 반

memo

8 (1) 2개의 띠그래프를 오려서 조사 결과를 나타내 보세요.

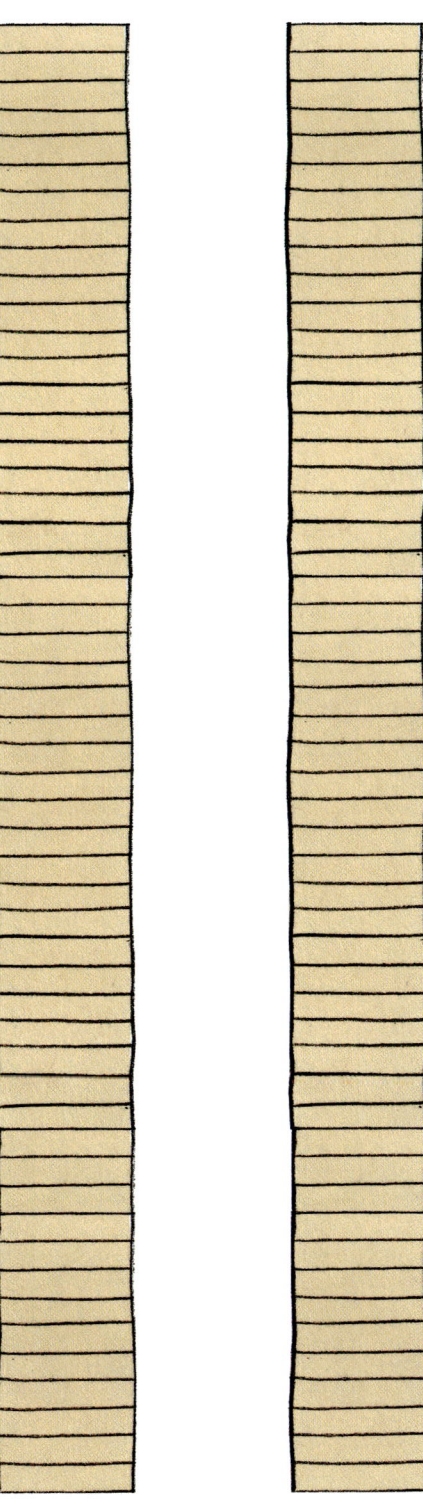

memo

활동지 9

5 표를 완성해 보세요.

재료 \ 사람 수	2명					
햄	100g					
소시지	2개					
베이컨	5장					
김치	$\frac{1}{2}$포기					
두부	$\frac{1}{3}$모					
스파게티 국수	50g					
곤약	70g					
육수	4컵					

memo

memo

memo

나온교육연구소와 동녘주니어가 함께 만든
새로 쓰는 초등 수학 교과서

수리논술 시대에는 수학 교과서도 달라져야 한다!
수학 학습은 문제 해결 능력입니다. 문제 해결은 정답만을 구하는 것이 아니라
해답에 이르는 열쇠를 찾아가는 것을 뜻합니다. 이를 위해서는 스스로 패턴을
발견하고 생각할 수 있는 능력이 필수적입니다. 이 책은 아이들이 진정한 배움에
이르도록 수학을 어떻게 가르치는 것이 바람직한가에 대한 고민을 담았습니다.

배수경 선생님은
이화여자대학교 수학교육과와 같은 학교 대학원을 졸업했으며, 지금은 같은 학교에서 박사과정 중에 있습니다. 전국 중학교 학업 성취도 문제 출제 위원과 검토 위원, 고양 교육청 영재 교육원 강사 및 프로그램 검토 위원을 지냈습니다. 지금은 EBS에서 중학교 난제공략을 강의하고 있으며, 무원고등학교에서 근무하고 있습니다.
blmathy@hanmail.net

이미경 선생님은
한남대학교 수학과와 한국교원대학교 대학원을 졸업했습니다. 새로운 수학 교재인 《수학으로 보는 세상-MIC》 시리즈 출간 기획을 담당했습니다. 지금은 사단법인 나온교육연구소 연구원으로 있습니다.
imlmk9@empal.com

오혜정 선생님은
전남대학교 수학교육과와 한국교원대학교 대학원을 졸업했습니다. 1999년부터 사단법인 전국수학교사모임(수학사랑)에서 활동하고 있습니다. 옮긴 책으로는 《우리 주변의 수학》 등이 있습니다. 지금은 군포에 있는 용호고등학교에서 근무하고 있습니다.
sagwa@chollian.net

박영훈 선생님은
서울대학교 수학교육과를 졸업하고, 미국 몬타나주립대학교에서 수학 MA를 취득했습니다. 그 후에 다시 교실로 돌아와 학생들을 가르쳤습니다. 지금은 홍익대학교 수학교육과 겸임교수와 사단법인 나온교육연구소 소장입니다. 저서로는 《수학은 논리다》, 《기호와 공식이 없는 수학카페》, 《아무도 풀지 못한 문제》 등이 있고, 옮긴 책으로는 《파이의 역사》, 《수학, 문명을 지배하다》, 《수학대소동》 등이 있습니다. 1992년 교육부장관으로부터 수학영재 지도교사상을, 2001년 과학기술부장관으로부터 과학도서번역상을 받았습니다.
ppyhp@yahoo.co.kr

여태경 선생님은
서울대학교 수학교육과와 같은 학교 대학원을 졸업했습니다. 저서로는 《교실 밖 수학 여행》이 있고, 옮긴 책으로는 《수학의 저주》가 있습니다. 지금은 창덕여자고등학교에서 근무하고 있습니다.
ytkng@paran.com

안수진 선생님은
이화여자대학교 수학교육과와 같은 학교 대학원을 졸업했습니다. 지금은 등원중학교에서 근무하고 있습니다.
ahnsj95@naver.com

나는 이 책의 제목만 봐도

평생 가슴 자락에 짙은 감동을 남긴 '나의 라임오렌지나무'가 초등학생용으로 태어났습니다!

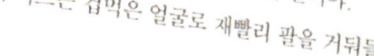

- 그림책을 보는 듯한 화려한 색감과 표정이 풍부한 사실적 그림
- 시원하고 큼직한 판형과 글씨, 잘 다듬어진 유려한 번역

· 동녘의 《나의 라임오렌지나무》는 작가와의 독점계약에 의해 발간된 유일한 포르투갈어 완역본입니다.
· 초등학교 6학년 국어 교과서에 수록·책으로 따뜻한 세상을 만드는 교사들 추천도서.

새로 쓰는 초등 수학 교과서

길잡이 책

박영훈 책임집필 · 나온교육연구소 지음

부모님에게

올해 열 살인 김영재는 무척 똑똑하다고 소문이 자자합니다. 학교에 들어가기 전부터 100이상의 세 자리 숫자를 셀 수 있고, 어른들도 어려워하는 계산을 척척 해냅니다. 초등학교 3학년이면서 중학교 3학년이 배우는 간단한 이차 방정식도 풀 수 있으니 그야말로 수학 영재인 모양입니다. 머잖아 고등학교 과정의 미적분도 배우겠다고 하더군요. 이것은 똑똑한 아들을 무척 자랑스럽게 생각하는 영재 부모님의 결정이기도 합니다. 영재 교육의 광풍이 몰아치는 요즘 우리나라에서 흔히 들을 수 있는 이야기입니다.

혹시 부모님 중에 내 아이도 영재처럼 키우겠다고 생각하는 분이 있나요? 남보다 빨리 계산을 하거나, 어려운 공룡의 이름들을 수십 가지나 줄줄 외우기도 하고, 〈도전! 골든벨〉에 나오는 40번 이후 문제의 정답을 맞히는 아이를 보면 정말 신기해서 감탄이 절로 나옵니다. 그래서 내 아이도 저랬으면 하는 바람을 갖는 것도 무리는 아닙니다.

수학의 역사에도 그런 신동들의 이야기가 가끔 등장합니다. 그 중 계산에 뛰어났던 몇 사람을 예로 들어 보죠. 1840년 독일 함부르크에서 태어난 요한 데이스는 목장에서 풀을 뜯어 먹고 있는 양 떼들을 힐끗 보고는 모두 몇 마리인지 알 수 있고, 도서관에 있는 책장을 한 번만 보고도 진열되어 있는 책들이 모두 몇 권인지 정확하게 말할 수 있었습니다. 그는 8자리 두 수의 곱

셈을 54초 만에 할 수 있었고, 20자리 숫자의 곱셈을 6분 만에 할 수 있었습니다. 또 다른 신동이었던 미국 버몬트 태생의 새포드는 열 살이 되었을 때 7자리 수의 세제곱근을 단숨에 계산할 수 있었습니다. 그리고 영국 출신의 비더는 2563721987653461598746231905607541128975231과 같은 큰 숫자를 불러 주면 곧바로 거꾸로 배열된 수를 말할 수 있었습니다.

성년이 된 요한 데이스는 수학의 아버지라 불리는 유명한 수학자인 가우스의 추천으로 함부르크 과학 학술원에 들어가 7000000부터 10000000까지의 모든 약수표를 만들며 일생을 보냈다고 합니다. 그리고 새포드는 어릴 때 드러났던 천재성이 사라져 버리고 평범한 천문학자의 길을 걸었다고 합니다. 또한 비더는 나중에 무엇을 했는지 알려지지 않았지만 기하학을 비롯한 다른 수학 분야에는 아주 무식했다고 합니다.

가우스 이야기가 나왔으니 그에 관해 좀 더 얘기해 보겠습니다. 어렸을 때 지진아 취급을 받았던 에디슨이나 아인슈타인과는 달리 가우스는 영재였다고 합니다. 1부터 시작하여 100까지의 자연수를 차례로 더한 값을 단 몇 초 만에 구했다는 일화는 널리 알려져 있지요. 그러나 앞의 세 사람과 가우스는 분명히 큰 차이가 있습니다.

신동이라고 했던 세 사람의 뇌에는 보통 사람이 갖지 못한 엄청난 기억 용량이 있다고 추측할 수 있습니다. 그 기억 용량은 사진기와 같아서 양떼,

도서관의 책장, 또는 43자리나 되는 엄청나게 큰 수를 힐끗 보고도 재생할 수 있는 것입니다. 보통 사람들은 곧 지워지지만 그들은 놀라운 기억력을 갖고 있어 꽤 오랫동안 저장할 수 있었습니다.

반면 가우스는 기억력에 의존하는 게 아니라 패턴을 발견하고 전략을 세워 문제를 풀었다는 점에서 앞의 세 사람과 다릅니다. 가우스는 1에서 100까지 수의 합을 계산할 때 1+100=101, 2+99=101, 3+98=101, …, 45+46=101 과 같은 일정한 패턴을 발견했습니다. 따라서 101이 50개이므로 1부터 100까지 수의 합은 5050이라는 정답을 찾아낸 것입니다. 고등학교 때 배우는 등차수열의 합에 대한 공식을 발견한 것이지요.

이렇게 장황하게 이야기를 늘어놓는 것은, 수학 학습은 바로 문제 해결에 있음을 강조하기 위해서 입니다. 문제 해결은 정답만을 구하는 게 아니라 해답에 이르는 열쇠를 찾아 가는 것을 뜻합니다. 이를 위해서는 남이 해 놓은 것을 따라가는 것이 아니라, 스스로 패턴을 발견하고 생각할 수 있는 능력이 필요합니다. 사실 무언가를 새로이 아는 것은 즐거운 경험입니다. 그래서 배움은 즐거워야 합니다. 하지만 현실은 이런 생각을 별로 중요하게 여기지 않는 것 같습니다. 알아 가는 과정이 중요한데도 이를 무시하고 결과에만 집착하는 성급한 모습을 쉽게 발견할 수 있으니까요.

행복한 수학, 친절한 수학, 똑똑한 수학, 천재 수학, 생각이 통하는 수학, 생각이 열리는 수학, 원리 수학 등 온갖 미사여구를 동원하는 책이나 교육 방

법이 쏟아져 나오지만, 결국에는 저자 자신이 알고 있는 것을 아이들에게 넣어 주는 데에만 급급한 경우가 많습니다. 책을 보는 독자가 생각할 수 있는 기회를 송두리째 빼앗아 버린 것이죠. 훌륭한 수학 선생님들이 집필한 국정 교과서도 아이들의 생각을 이끌기보다는 '따라가기만 하면 답을 얻을 수 있다'는 잘못된 믿음을 심어줄 수 있습니다. 그렇게 알게 된 지식은 머릿속에 잠시 넣어 둘 수는 있지만, 결국에는 자기 것이 되지 못한 죽은 지식으로 빠져나가게 됩니다.

학습에서 활동을 강조하는 '행하면서 배워라'는 말은 거짓입니다. 생각이 없는 활동은 무의미하기 때문이지요. 그래서 앞의 구호는 이렇게 바뀌어야 합니다. '생각하는 활동을 통해 배워라!'

'수학은 약속에서 출발한다'는 말도 거짓입니다. 수학자는 약속을 그대로 받아들이지 않습니다. 그는 약속을 만들어 가는 사람입니다. 수학을 배운다는 것은 수학자가 수학을 만들어 가는 과정을 밟아 나아가는 것을 말합니다. 사실 수학뿐만 아니라 모든 배움이 그러합니다. 배움이란 남이 만들어 놓은 지식을 머릿속에 차곡차곡 쌓는 것만은 아니니까요.

《새로 쓰는 초등 수학 교과서》는 아이들이 진정한 배움에 이르도록 수학을 어떻게 가르치는 것이 바람직한지 고민을 담았습니다. 그래서 이 책은 다음과 같은 특징을 가지고 있습니다.

1. 문제 상황에서 배움이 시작됩니다. 수학이라는 학문이 추상적인 것은 틀림없지만 일상생활에서도 수학 지식의 실마리를 찾을 수 있습니다. 이 책에 펼쳐진 상황은 아이들이 쉽게 접할 수 있는 것으로 생생한 현장감이 살아날 수 있도록 구성되었습니다.

2. 생각하는 배움입니다. 따라하기만 하면 답이 나오는, 또는 읽기만 하면 답을 얻을 수 있는 책이 아닙니다. 그래서 머리에 쥐가 난다는 비명도 들립니다. 하지만 자신의 삶과 밀접한 상황에서 생기는 문제를 다루고 해결하는 과정을 담고 있기 때문에 지루하지 않게 빠져 들 수 있습니다. 마치 미궁에 빠진 사건을 해결하는 탐정과 같이 아이들은 머리를 쥐어짜며 문제를 해결할 것입니다. 앞에서도 언급했듯이 생각하지 않고 배움에 이를 수는 없으니까요.

3. 더불어 하는 배움입니다. 흔히 수학은 혼자 공부하는 과목이라고 생각합니다. 하지만 어떤 배움도 자기 혼자만 하는 것은 아닙니다. 인류의 지식은 인류 공동체가 협력한 산물입니다. 자신의 생각을 남과 주고받으며 되돌아보는 작업은 배움에서 꼭 필요한 요소입니다. 이 책은 함께 공부하는 즐거움을 맛볼 수 있도록 구성되어 있습니다.

수학 문제집 같아 보이지만 자세히 보면 한 편의 동화처럼 보이도록 꾸몄습니다. 현실에 기반을 두면서도 동화라는 상상의 시간과 공간 속에서 수학적

질서와 패턴을 찾아보는 기회를 가질 수 있을 것입니다. 이 책을 제대로 학습하려면 서두르지 않고 천천히 속도를 조절해야 합니다. 만일 중간에 어려움을 느낀다면 중단해야 합니다. 그리고 시간이 조금 지나면 다시 시작하세요. 아이의 발달 상태를 기다리는 마음은 이 책에서 가장 소중하게 생각하는 것이니까요. 아무쪼록 새로운 방식의 수학을 통해 진정한 수학 학습의 즐거움을 느낄 수 있다면 더 바랄 것이 없습니다.

2007년 7월 10일
박영훈

교육과정 비교표

《분수》 책 단원	교과서 관련 단원
첫 번째 이야기_ 목장에서 신나게 놀자	4-가 7. 분수
	4-나 1. 분수
두 번째 이야기_ 목장에는 젖소가 참 많아	4-가 7. 분수
	4-나 1. 분수
	5-가 5. 분수의 덧셈과 뺄셈
세 번째 이야기_ 목장에는 신나는 일들이 많지!	5-가 5. 분수의 덧셈과 뺄셈
	5-가 8. 문제 푸는 방법 찾기
네 번째 이야기_ 커졌다? 작아졌다?	5-가 5. 분수의 덧셈과 뺄셈
	5-가 7. 분수의 곱셈
	5-가 8. 문제 푸는 방법 찾기
다섯 번째 이야기_ 백설공주와 일곱 난쟁이	5-나 2. 분수의 나눗셈
	6-나 1. 분수의 나눗셈
	6-나 8. 문제 푸는 방법 찾기

첫 번째 이야기_ 목장에서 신나게 놀자

> 이 단원에서는 음식을 똑같이 나누어 먹는 상황 속에서 부분과 전체의 관계를 탐구한다. 또 직사각형 종이 테이프를 등분하고 단위 분수($\frac{1}{2}, \frac{1}{3}, \frac{1}{4}, \frac{1}{6}, \frac{1}{8}$ 등)로 나타내게 함으로써 등분한 부분과 전체를 분수 표기와 관련지을 수 있도록 한다.

1. 오이 따서 나눠 먹자

1 방법 1 – 모두 6명이므로 오이 3개를 각각 반으로 쪼개서 6조각을 만든 다음, 나누어 먹는다.

방법 2 – 오이 3개를 각각 6조각씩 나눠 18조각을 만든 다음 각자 3조각씩 가져간다.

> **지도상 유의점**
>
> **음식을 같은 양으로 나누는 활동은 전체와 부분의 관계를 경험하게 해 준다. 이 상황에서는 분수를 사용하도록 강요하지 않는다.**
>
> 1. 학생들에게 각각의 오이를 자르는 곳을 선으로 긋게 한 다음 오이를 똑같이 나누도록 한다. 학생들이 그린 그림이 완벽하게 등분한 것으로 보이지 않을 수도 있다. 학생 자신이 나눈 방법을 언어와 숫자를 사용하여 표현하도록 한다. 또 오이를 똑같은 양으로 자를 때 다양한 방법으로 자를 수 있음을 다른 학생들의 답을 비교하면서 알게 한다. 단, 다르게 그려도 부분의 크기는 같다는 것을 반드시 보여 주도록 한다.
> 2. 오이를 잘라 먹을 양을 색칠할 때 여러 가지 방법으로 나눌 수 있다는 것을 이야기하고, 다양한 방법으로 등분하는 선을 그어 나타내 보도록 한다.

2 이슬이네.

방법 1 – 이슬이가 먹은 양 : 1개 + $\frac{1}{2}$개.

방법 2 – 이슬이가 먹은 양 : $\frac{1}{2}$개 + $\frac{1}{2}$개 + $\frac{1}{2}$개 또는 3 × $\frac{1}{2}$개.

오공이네

오공이가 먹은 양 : $\frac{1}{5}$개＋$\frac{1}{5}$개＋$\frac{1}{5}$개 또는 $3\times\frac{1}{5}$개.

사랑이네

방법 1 - 사랑이가 먹은 양 : $\frac{1}{4}$개＋$\frac{1}{4}$개＋$\frac{1}{4}$개 또는 $3\times\frac{1}{4}$개.

방법 2 - 사랑이가 먹은 양 : $\frac{1}{2}$개＋$\frac{1}{4}$개.

육영이네

방법 1 - 육영이가 먹은 양 : $\frac{1}{2}$개

방법 2 - 육영이가 먹은 양 : $3\times\frac{1}{6}$개

3 다양하게 답할 수 있다.

　예 오이를 1개씩 모두 가족 수 만큼 나눠서 똑같은 개수만큼 먹는다.

4 다른 가족에 비해 가족 수가 많아서 먹는 양이 적기 때문이다.

5 오공이 $\frac{3}{5}$, 이슬이 $\frac{3}{2}$, 육영이 $\frac{3}{6}$, 사랑이 $\frac{3}{4}$.

지도상 유의점

5. 이 문제는 부분과 전체의 관계를 인식하고 분수로 표현하는 능력을 알아보기 위한 것이다.

6 육영이

또는

사랑이

오공이  이슬이

   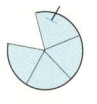

이름	육영이	사랑이	이슬이	오공이
분수	$\frac{2}{6}$ 또는 $\frac{1}{3}$	$\frac{5}{4}$	$\frac{1}{2}$	$\frac{4}{5}$

지도상 유의점

6. 다양한 방법으로 해결해 보도록 한다. 똑같이 나눈 양을 분수로 나타내는 게 어려운 학생도 있다. 예를 들어, 육영이의 경우 피자 한 판의 $\frac{1}{3}$을 먹는다고 할 수도 있고, 전체 피자의 $\frac{1}{6}$을 먹는다고 할 수도 있다. 분수로 나타내는 것을 충분히 이해하고 있다면 둘 다 정답으로 인정하도록 한다.

7 $\frac{1}{4}, \frac{2}{3}, \frac{3}{6}$ 또는 $\frac{1}{2}, \frac{2}{5}$.

2. 우리 가족 방갈로는?

1 〈활동지〉를 이용해서 종이 접기를 한다.

지도상 유의점

1. 간단한 분수를 비교해 보기 위한 준비 단계로 종이 테이프를 여러 조각으로 등분해 보는 활동이다. 자로 재지 않고 종이를 접어보는 활동은 접는 동안 등분에 초점을 맞출 수 있으며 각 단위 분수 사이의 관계를 직관적으로 인식할 수 있도록 한다. 자로 재어 등분을 하게 되면 자칫 이런 과정을 놓치기 쉽다. 종이를 접는 과정에서 2등분, 4등분, 8등분 접기는 쉽게 할 것이다. 만약 학생들이 3등분과 5등분을 어려워한다면 등분하는 방법을 제시한다. 즉, 3등분, 5등분 종이 접기를 할 때는 테이프를 3등분, 5등분 되도록 감은 후에 눌러서 접도록 한다.

2 다양하게 답할 수 있다.

(1) 2명에게 똑같이 나누어 줄 수 있는 종이 테이프라면 어느 것을 사용해도 좋다. 2등분(이슬이네), 4등분(사랑이네), 6등분(육영이네), 8등분(팔복이네)의 종이 테이프를 사용할 수 있다.

(2) 3명에게 똑같이 나누어 줄 수 있는 종이 테이프라면 어느 것을 사용해도 좋다. 3등분(삼식이네), 6등분(육영이네)의 종이 테이프를 사용할 수 있다.

(3) 10명에게 똑같이 나누어 줄 수 있는 종이 테이프라면 어느 것을 사용해도 좋다.

  예 오공이 가족의 5등분한 테이프를 사용한다. 5개의 조각을 각각 반으로 접어 10개의 똑같은 조각이 되게 한다.

  예 이슬이 가족의 2등분한 종이 테이프를 사용할 수도 있다. 2개의 조각을 각각 다섯으로 나누면 된다.

> **지도상 유의점**
> 2. 학생들에게 분모가 다른 분수 사이의 관계를 생각해 보게 한다. 그리고 학생들이 상황에 적절한 형태의 분수를 이해하고 사용할 수 있는지 알아볼 수 있다.

3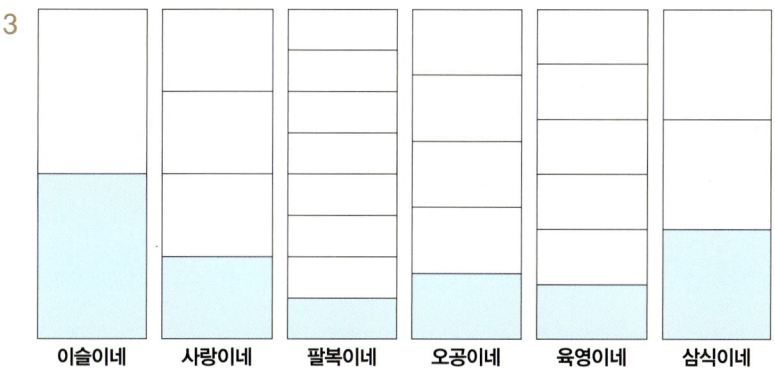

4 사랑이네 방갈로에서 떨어진 것이다.

  예 원래 길이의 종이 테이프 위에 종잇조각을 놓고 표시해 본다. 네 번 붙이면, 즉 4배로 하면 원래 종이 길이가 된다.

  예 원래 길이의 종이 테이프와 떨어져 있는 종잇조각의 길이를 자로 재어 확인해 본다.

  예 종잇조각의 4배 길이를 종이 테이프 위에 표시한 다음 원래의 종이 테이프와 그 길이를 비교한다.

5 (1) 사랑이네. 한 판을 4개로 나눈 것 중 1조각이므로.

  (2) 육영이네. 도시락을 6개로 나눈 것 중 1개이므로.

  (3) 오공이네. 조각을 5개 붙이면 한 판이 되므로, 즉 5인분 중 1인분이므로.

> 지도상 유의점
> 4. 이 문제는 부분을 보고 전체를 생각해 보게 하는 것이다. 여러 가지 방법을 사용할 수 있다.
> 5. (3) 학생들이 전체를 규정하여 설명하도록 유도한다.

연습 문제

1. (1) $\frac{3}{5}, \frac{3}{2}, \frac{3}{6}, \frac{3}{4}, \frac{2}{6}, \frac{1}{3}, \frac{5}{4}, \frac{4}{5}, \frac{1}{4}, \frac{2}{3}, \frac{1}{2}, \frac{2}{5}$

   (2) $\frac{1}{2}, \frac{3}{2}$ / $\frac{1}{3}, \frac{2}{3}$ / $\frac{1}{4}, \frac{3}{4}$ / $\frac{2}{5}, \frac{3}{5}$ / $\frac{2}{6}, \frac{3}{6}$: 같은 분모를 갖고 있다.

> 지도상 유의점
> 1. 이 단원에서 배운 분수를 적어 보면서 앞에 나왔던 문제들을 다시 한 번 되돌아 보도록 한다.

2. $\frac{1}{3}, \frac{3}{5}, \frac{3}{6}, \frac{4}{9}$.

상상+논술

예 · 민아야, 그건 정확히 나눈 것이 아니야. 다시 제대로 나눠야 해. 정확히 $\frac{1}{2}$로 나누면 돼.
· 2조각을 하나씩 가졌지만 크기가 몇 배 차이가 나서 불공평하다.

예 · 사랑아, 피자 나누는 걸 제대로 못했구나. 네가 먹을 1조각이 너무 커. 다음부터는 $\frac{1}{5}$씩 정확히 나눠서 똑같은 크기로 조각을 내도록 하렴.
· 피자 한판을 5등분했지만 크기가 다르기 때문에 불공평하다.

두 번째 이야기_ 목장에는 젖소가 참 많아

이 단원에서는 분수를 사용하여 눈금을 넣은 분수 막대를 만들고, 우유가 조금씩 들어 있는 우유컵을 조합해 보는 활동을 통해 분모가 같거나 다른 분수를 비교하고 더하는 것을 소개한다.

1. 고소한 우유 나눠먹기

1. 넣을 수 없다. 케이크를 모으면 상자 크기보다 더 양이 많다.
2. (1) 만들 수 있다. 팬케이크 4조각을 합치면 1개의 둥근 모양이 만들어진다.
   (2) 만들 수 없다. 치즈 6조각을 합치면 1개의 둥근 모양이 만들어지는데 1조각이 남는다.
   (3) 만들 수 없다. 피자 8조각을 합치면 1개의 둥근 모양이 만들어지는데 2조각이 부족하다.
3. (1) $\frac{5}{6}$이다. 사각형 그릇에 떡 6조각이 들어가는데 5조각을 담을 수 있으므로.
   (2) $\frac{4}{5}$이다. 원 모양 그릇에 떡 5조각이 들어가는데 합치면 4조각을 담을 수 있으므로.

> **지도상 유의점**
>
> 1~3. 분수에 대한 지식을 이용하여 케이크 조각을 모아 한 상자에 넣을 수 있는지를 생각해 보게 한다.

4. (1) 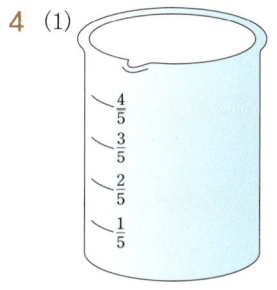 (2) 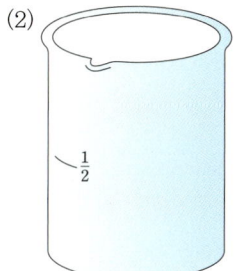 (3)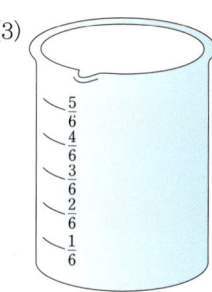

> **지도상 유의점**
>
> 제시된 글을 읽고 그림의 의미에 대해 토의하고, 모든 학생들이 $\frac{1}{3}$과 $\frac{2}{3}$의 사용법을 이해했는지 확인한다. 실제 컵을 사용하여 제시된 이야기와 그림을 확인하도록 하는 방법이 좋다. 학생들이 글의 내용과 그림 속 분수 눈금의 의미를 충분히 이해하지 못했다면 4번 문제를 함께 해결해 보도록 한다.
>
> 4. 학생들이 각 눈금에 대응되는 분수를 이해했는지 반드시 확인한다. 또한 컵에 우유가 가득 차 있을

때 그 양에 대응되는 분수를 어떻게 나타내는지 찾아보게 한다. 이때 1은 전체로서 분수($\frac{2}{2}, \frac{3}{3}, \frac{4}{4}, \frac{5}{5}$등)로 다르게 표현할 수 있음을 알려 준다.

5 (1) $\frac{2}{4}$. (2) $\frac{7}{9}$. (3) $\frac{2}{6}$.

지도상 유의점

5~7. 학생들이 종이 테이프를 만들어 알아볼 수도 있다. 문제마다 다른 종이 테이프를 만들어 사용한다.

6 (1) $\frac{1}{5}$. (2) $\frac{3}{4}$. (3) $\frac{2}{3}$. (4) $\frac{5}{6}$.

이유 : (1) 그림에서 컵에 들어 있는 우유의 5배를 하면 그릇이 다 채워지고, (2) ~ (4) 그림에서 우유가 없는 부분과 우유가 담긴 부분을 비교해보면 알 수 있다.

7 (1)  (2)  (3)  (4)

2. 우유를 어떻게 담을까?

1 (1) 육영이 우유통 $\frac{1}{3}$. (2) 이슬이 우유통 $\frac{1}{2}$. (3) 오공이 우유통 $\frac{1}{5}$. (4) 사랑이 우유통 $\frac{3}{4}$.

지도상 유의점

1. 1장의 4~7번에서 학습한 내용을 바탕으로 답하도록 한다.

2 오공이와 짝을 이루는 것이 좋다. 다른 아이들과 우유를 모으면 넘치게 된다.

지도상 유의점

2~3. 학생들이 다양한 방법을 사용하는 것을 허용한다. 구체적인 사물을 사용하여 찾은 답 역시 공식을 사용하여 얻은 답만큼이나 가치가 있기 때문이다. 학생들은 자기가 알고 있는 분수에 대한 지식을 이용하거나, 컵을 사용하는 방법을 통해 해결할 것이다. 그런 다음 학생들에게 이 경우가 바로 분모가 다른 분수를 더하는 것임을 알려 준다. 하지만 식을 사용하지 않도록 한다.

3 (1) 넘치지 않을 거야. 네가 짠 우유의 양은 우유통의 $\frac{1}{3}$로 반 통($\frac{1}{2}$)이 안 되니까 내 우유랑 합쳐도 한 통이 안 돼.

(2) 넘치지 않을 거야. 네가 짠 우유의 양은 우유통의 $\frac{3}{4}$이니까 더 넣을 수 있는 부분이 $\frac{1}{4}$인데, 내 우유는 $\frac{1}{5}$로 더 작아서 합쳐도 한 통이 안 돼.

4 (1) 담을 수 없다.   (2) 담을 수 있다.

5 (1) 담을 수 없다. 그림을 보고 $\frac{1}{2}$과 $\frac{1}{3}$을 합치고 나면, 통 속의 비어 있는 부분이 다른 우유의 양보다 더 적다.

(2) 담을 수 있다. 그림을 보고 $\frac{1}{2}$과 $\frac{1}{4}$을 합치고 나면, 통 속의 비어 있는 부분에 $\frac{1}{8}$이 2번 정도(또는 충분히) 들어갈 수 있다.

> **지도상 유의점**
>
> 4~5. 이 문제는 2~3개의 통에 든 우유를 합하는 상황에서 전체 우유의 양을 구하는 것이 아니다. 단지 통 하나에 옮겨 담았을 때 넘치는지, 적은지, 또는 같은지를 확인하면 된다.

6 1번 문제에서 통에 들어 있는 우유의 양이 육영이 우유통 $\frac{1}{3}$, 이슬이 우유통 $\frac{1}{2}$, 오공이 우유통 $\frac{1}{5}$, 사랑이 우유통 $\frac{3}{4}$이기 때문에 그 분수의 값을 비교해서 알 수 있다.

7 여러 가지로 답할 수 있다. $\frac{1}{3}$과 $\frac{2}{3}$, $\frac{3}{4}$과 $\frac{1}{4}$, $\frac{1}{2}$과 $\frac{1}{3}$과 $\frac{1}{6}$.

> **지도상 유의점**
>
> 7. 이 문제를 해결하지 못하는 학생들이 있으면 친구들과 같이 하거나 학급 전체 학생들과 답을 같이 써 본다.

3. 막대에서 분수가?

1 (1) $\frac{2}{4}, \frac{3}{6}, \frac{4}{8}, \frac{6}{12}$.
   (2) 막대의 눈금이 같은 높이인 분수들을 모두 골랐다.

2 $\frac{4}{6}, \frac{6}{9}, \frac{8}{12}$.

3 $\frac{1}{3}, \frac{2}{6}, \frac{3}{9}$.

> **지도상 유의점**
>
> 분수 막대는 분수가 같은 막대끼리는 따로 자르지 않는다. 이 활동을 통해 학생들은 컵이나 통과 같은 구체적인 사물을 사용하는 것에서 벗어나 분수 막대를 사용하는 형식적인 단계로 들어가게 된다. 활동

내용은 통에 든 우유를 조합하는 경우와 관련하여 분수를 더하고 있지만 더 형식적인 분수 표현을 소개한다. 이 과정에서도 공식을 사용하도록 강요하지 않는다.

1~3. 분수 막대를 사용하여 어떤 분수를 다른 방법으로 나타낼 수 있고 분수 사이의 관계를 이해하게 한다.

4 (1) 여러가지 분수 막대에서 주어진 분수와 같은 크기를 나타내는 것을 찾는데, 두 수가 하나의 분수 막대에서 크기를 잴 수 있는 것으로 찾아 합친다.

(2) 분수 막대에서 $\frac{1}{2}$과 같은 크기를 나타내는 분수 $\frac{3}{6}$, $\frac{1}{3}$과 같은 크기를 나타내는 분수 $\frac{2}{6}$를 찾으면 $\frac{1}{2}+\frac{1}{3}=\frac{3}{6}+\frac{2}{6}$로 분수 막대에서 $\frac{5}{6}$의 크기와 같다.

분수 막대에서 $\frac{1}{4}$과 같은 크기를 나타내는 분수 $\frac{2}{8}$를 찾으면, $\frac{1}{4}+\frac{6}{8}=\frac{2}{8}+\frac{6}{8}$이므로 $\frac{8}{8}$, 즉 분수 막대 전체 크기 1이 된다.

지도상 유의점

4. 구체적으로 컵이나 통을 사용해 설명할 수도 있고, 또는 분수 막대를 사용하거나 형식적인 수준에서 분수를 사용해서 설명해도 된다.

5 맞게 썼다. 분수 막대에서 $\frac{1}{2}$은 $\frac{2}{4}$와 크기가 같다. 따라서 $\frac{1}{2}+\frac{3}{4}=\frac{2}{4}+\frac{3}{4}$이므로 합친 크기는 1을 넘겨 $\frac{1}{4}$만큼 더 있는 크기가 된다. $1\frac{1}{4}$은 $\frac{5}{4}$이다.

6 같다.

지도상 유의점

1보다 큰 분수를 표현하는 또 다른 방법으로 대분수를 소개한다. 단, 용어에 대해서 지나치게 강조하지 않도록 한다.

6. 대분수와 일반 분수의 관계를 이해하지 못한 학생의 경우는 한 번 더 그 크기가 같다는 사실을 합한 우유의 양을 통해 보여 주는 것도 좋다.

연습 문제

1 (가) $\frac{1}{2}$. (나) $\frac{3}{4}$. (다) $\frac{3}{8}$. (라) $\frac{4}{20}$. (마) $\frac{9}{16}$.

2 (가) 30L. (나) 45L. (다) 22.5L. ($\frac{1}{8}$이 7.5L이므로 $\frac{3}{8}$은 22.5L이다)
(라) 12L. ($\frac{1}{20}$이 3L이므로 $\frac{4}{20}$는 12L이다)
(마) 33.75L. ($\frac{1}{16}$이 3.75L이므로 $\frac{9}{16}$는 33.75L이다)

> **지도상 유의점**
> 2. 이 문제를 어려워하는 학생은 $\frac{1}{4}$은 $\frac{1}{2}$의 절반, $\frac{1}{8}$은 $\frac{1}{4}$의 절반, $\frac{1}{16}$은 $\frac{1}{8}$의 절반, $\frac{1}{20}$은 $\frac{1}{2}$을 10등분한 것임을 이해시킨 다음 해결하도록 한다.

3 (1) $\frac{7}{6}$.
이유 : $\frac{1}{3}$은 분수 막대에서 $\frac{2}{6}$와 같으므로 $\frac{1}{3}+\frac{5}{6}=\frac{2}{6}+\frac{5}{6}$이다. 분수 막대로 그 크기를 합치면 $\frac{7}{6}$, 즉 $1\frac{1}{6}$과 같다.
(2) $\frac{9}{8}$.
이유 : $\frac{1}{2}$은 분수 막대에서 크기가 $\frac{4}{8}$와 같고, $\frac{1}{4}$은 $\frac{2}{8}$와 같으므로, $\frac{1}{2}+\frac{1}{4}+\frac{3}{8}=\frac{4}{8}+\frac{2}{8}+\frac{3}{8}$이다. 따라서 분수 막대로 그 크기를 합치면 $\frac{9}{8}$, 즉 $1\frac{1}{8}$이다.

> **지도상 유의점**
> 3. 분수 막대를 사용하여 해결하도록 한다.

4 다양한 답이 나올 수 있다. 크기에 맞는 분수 막대를 찾아 식을 만들면 된다.
(1) $\frac{1}{4}+\frac{1}{4}$ 또는 $\frac{1}{6}+\frac{1}{6}+\frac{1}{12}+\frac{1}{12}$.
(2) $\frac{1}{8}+\frac{3}{8}+\frac{1}{2}$ 또는 $\frac{1}{8}+\frac{1}{8}+\frac{1}{4}+\frac{1}{2}$.
(3) $\frac{1}{8}+\frac{1}{8}$ 또는 $\frac{1}{12}+\frac{1}{12}+\frac{1}{12}$.
(4) $\frac{3}{4}+\frac{1}{4}$ 또는 $\frac{3}{4}+\frac{1}{8}+\frac{1}{8}$.
(5) $\frac{1}{12}+\frac{1}{12}+\frac{1}{12}+\frac{1}{12}$ 또는 $\frac{1}{8}+\frac{1}{8}+\frac{1}{12}$.
(6) $\frac{7}{12}+\frac{1}{12}+\frac{1}{12}+\frac{1}{4}$ 또는 $\frac{7}{12}+\frac{1}{12}+\frac{1}{12}+\frac{1}{12}+\frac{1}{12}+\frac{1}{12}$.
(7) $\frac{1}{2}+\frac{1}{12}+\frac{1}{12}$ 또는 $\frac{1}{2}+\frac{1}{6}$ 또는 $\frac{1}{4}+\frac{1}{4}+\frac{1}{6}$
(8) $\frac{1}{2}+\frac{1}{4}+\frac{1}{4}$ 또는 $\frac{1}{2}+\frac{1}{4}+\frac{1}{8}+\frac{1}{8}$.

5 다양한 답이 나올 수 있다.

(1) $\frac{1}{6}+\frac{1}{12}+\frac{1}{12}$. (2) $\frac{7}{12}+\frac{1}{6}+\frac{1}{6}+\frac{1}{12}$. (3) $\frac{1}{3}+\frac{1}{6}$.

(4) $\frac{1}{3}+\frac{3}{18}+\frac{1}{3}+\frac{1}{6}$. (5) $\frac{1}{3}+\frac{1}{3}$. (6) $\frac{1}{6}+\frac{1}{12}+\frac{1}{12}+\frac{1}{3}+\frac{1}{3}$.

6 다양한 답이 나올 수 있다.

(1) $\frac{1}{10}+\frac{1}{10}+\frac{1}{15}+\frac{1}{15}+\frac{1}{15}$. (2) $\frac{3}{10}+\frac{1}{10}+\frac{1}{5}+\frac{1}{5}+\frac{1}{5}$.

(3) $\frac{1}{5}+\frac{1}{5}$ 또는 $\frac{1}{10}+\frac{1}{10}+\frac{1}{10}+\frac{1}{10}$. (4) $\frac{1}{5}+\frac{1}{5}+\frac{1}{10}$.

(5) $\frac{6}{15}+\frac{1}{5}+\frac{1}{5}+\frac{1}{5}$. (6) $\frac{1}{5}+\frac{1}{5}$.

(7) $\frac{1}{5}$ 또는 $\frac{1}{10}+\frac{1}{10}$. (8) $\frac{3}{10}+\frac{6}{20}+\frac{1}{10}+\frac{1}{10}+\frac{1}{10}+\frac{1}{10}$.

(9) $\frac{1}{15}+\frac{1}{10}+\frac{1}{10}$.

> **지도상 유의점**
>
> 4~6. 여러 가지 경우가 나올 수 있다. 이 분수 막대는 '분자가 1인 분수'를 사용하여 만든 것이다. 여기서는 길이가 같은, 여러 종류의 '분자가 1인 분수'를 살펴보면서 그 분수들의 합을 다양하게 나타낼 수 있다는 것을 알게 한다. 또 여러 분수들을 합하여 원하는 분수의 값을 얻을 수 있다는 사실도 알 수 있다.

상상+논술

예 김박사! 왜 장난치는 건가? 어서 빈병에 $\frac{1}{2}$의 미끄덩미끄덩 액체를 담아야지. 그리고 그 미끄덩미끄덩 액체와 $\frac{1}{2}$의 느끼 액체를 섞고. 알겠어요?

예 부정 영감! 긍정 서방 좀 닮게나. 긍정 서방은 처자식이 무척 많지만 좋아하지 않나? $\frac{5}{10}$라고 말이야. 그리고 부정영감은 처자식이 별로 없지 않나? $\frac{1}{2}$이라고 투덜대지마!

> **지도상 유의점**
>
> 글쓰기를 어려워하는 학생들에게는 앞의 활동으로 되돌아가 그 내용을 살펴보도록 한다.

세 번째 이야기_ **목장에는 신나는 일들이 많지!**

> 이 단원에서는 큰 수로부터 분수를 어림하고 분수 막대를 사용하여 큰 수와 자료 사이의 관계를 나타내는 법을 학습한다. 분수를 사용하여 요리법에서 사람 수와 재료의 양을 늘리거나 줄인다. 비율표를 사용하여 분수 계산을 정리한다. 학생 수가 다른 학급의 조사 결과를 나타내기 위하여 많은 칸으로 된 띠그래프를 사용한다. 앞에서 익힌 분수 막대를 이용하여 학생들이 조사 결과를 비교하도록 한다. 학생들이 자료를 칸 수가 같은 띠그래프에 나타냄으로써 자료들을 비교할 수 있음을 이해시킨다.

1. 포장은 멋있게

1 (1)

(2) 로스햄 $\frac{1}{3}$, 특제 치즈 $\frac{3}{4}$, 프랑크 소시지 $\frac{1}{6}$.

> **지도상 유의점**
>
> **일상생활에서 쉽게 접할 수 있는, 부분과 전체의 관계를 분수로 나타내고 그 유용함을 알게한다.**
>
> 1. 학생들은 이 활동을 하면서 은연중에 분수를 사용하게 될 것이다. 프랑크 소시지 1200g에서 200g을 잘라낼 때, 먼저 프랑크 소시지를 600g이 되도록 둘로 나눈다($\frac{1}{2}$). 그런 다음 두 조각 중 하나를 셋으로 나누어($\frac{1}{3}$) 200g인 조각($\frac{1}{2}$의 $\frac{1}{3}$, 즉 $\frac{1}{6}$)을 얻는다.

2

제품(4인용)	살라미 소시지	프랑크 소시지	로스햄	특제 치즈
무게	820g	218g	606g	512g

3 '고품격 4호' 제품들을 $\frac{1}{4}$씩 자르거나, '고품격 2호' 제품들을 $\frac{1}{2}$씩 자른다.

2. 상쾌한 아침운동

1 (1)

깡통의 위치 →

> **지도상 유의점**
>
> 달리는 길은 수직선과 비슷하다. 수직선은 분수를 이해하는 데 매우 유용하다. 달리는 길을 2등분, 3등분, 4등분하고 그 위에 분수를 나타냄으로써 처음으로 분수를 순서대로 나열하게 된다.
>
> 1. 학생들이 어려워하면 끈이나 자를 사용하여 깡통의 위치를 찾게 한다.

(2) 출발점에서 $\frac{1}{3}$ 위치이므로 대략 3등분해서 나타내었다. 약 1km 떨어진 위치이다.

2

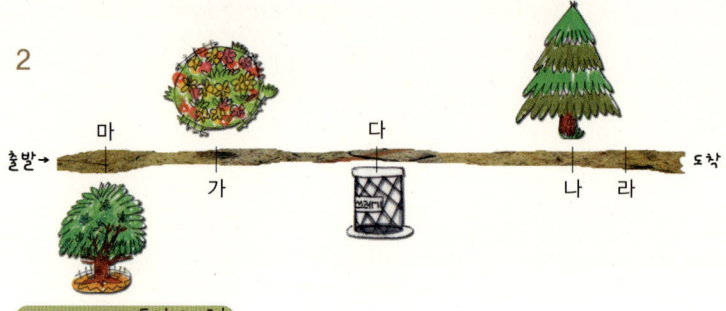

> **지도상 유의점**
>
> 2. 수직선 위에 위치를 나타낸 다음 분수들의 순서를 생각해 보게 한다.

3

4 다양한 답이 나올 수 있다.

예 팔복이처럼 길을 직선으로 모두 옮긴 다음 분수에 따라 등분하여 위치를 표시하고 원래 길에 나타낸다.

3. 일일 기자가 됐다고요

1 특제 치즈 $\frac{1}{2}$, 로스햄 $\frac{1}{4}$, 프랑크 소시지 $\frac{1}{8}$, 살라미 소시지 $\frac{1}{8}$.

지도상 유의점
1. 띠그래프는 각 제품의 판매량을 비교하여 보여 주는 자료이다. 종이 테이프를 접거나 그 길이를 비교하여 분수를 찾을 수 있다.

2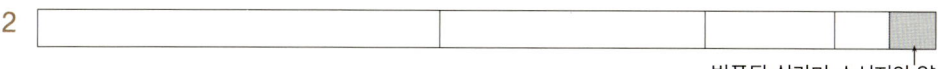

반품된 살라미 소시지의 양

3 (1)

양	소	닭

(2) 다양한 답이 가능하다.

예 우리 목장에는 가축들이 세 종류가 있습니다. 양이 151마리, 소가 99마리 닭이 53마리입니다. 가축들을 모두 합하면 총 303마리로 양이 전체의 $\frac{1}{2}$ 정도, 소가 전체의 $\frac{1}{3}$ 정도, 닭이 전체의 $\frac{1}{6}$ 정도 차지하고 있습니다.

지도상 유의점
3. 학생들이 띠그래프를 정확하게 그리지 않아도 된다. 여기서는 띠그래프가 어떤 사실을 표현하는 데 유용한 도구임을 인지하면 된다.

4 (1) 두 가지 답이 나올 수 있다.

예 절대적 비교 – 새끼 양은 30마리이고 송아지는 25마리이므로 새끼 양이 더 많다.

예 상대적 비교 – 전체 양 151마리 중 새끼는 30마리이므로 전체의 $\frac{1}{5}$ 정도이고, 송아지는 전체 소 99마리 중 25마리이므로 전체의 $\frac{1}{4}$ 정도이다. 따라서 송아지가 더 많다.

(2)

새끼 양				
송아지				

> 지도상 유의점
>
> 4. 절대적 비교는 비교하는 수만을 보면 되지만 상대적 비교는 다른 수와의 관계를 봐야 한다. 분수는 상대적 비교를 나타내는 것 중 하나이다. 어떤 방법으로 비교하느냐에 따라 두가지 답이 나오므로 모두 정답으로 인정하고, 두 방법의 차이점에 대해 이야기해 본다.

5 소젖 짜기. 띠그래프로 나타내면 다음과 같다.

소젖 짜기	
치즈 만들기	

> 지도상 유의점
>
> 5. 보통 신문이나 뉴스 기사에 분수, 비율(10명 중 7명), 퍼센트가 많이 사용된다는 것을 학생들에게 이야기해 준다. 여기에서는 되도록 퍼센트에 대해서는 구체적으로 언급하지 않도록 한다.

4. 누가누가 더 좋아하나

1

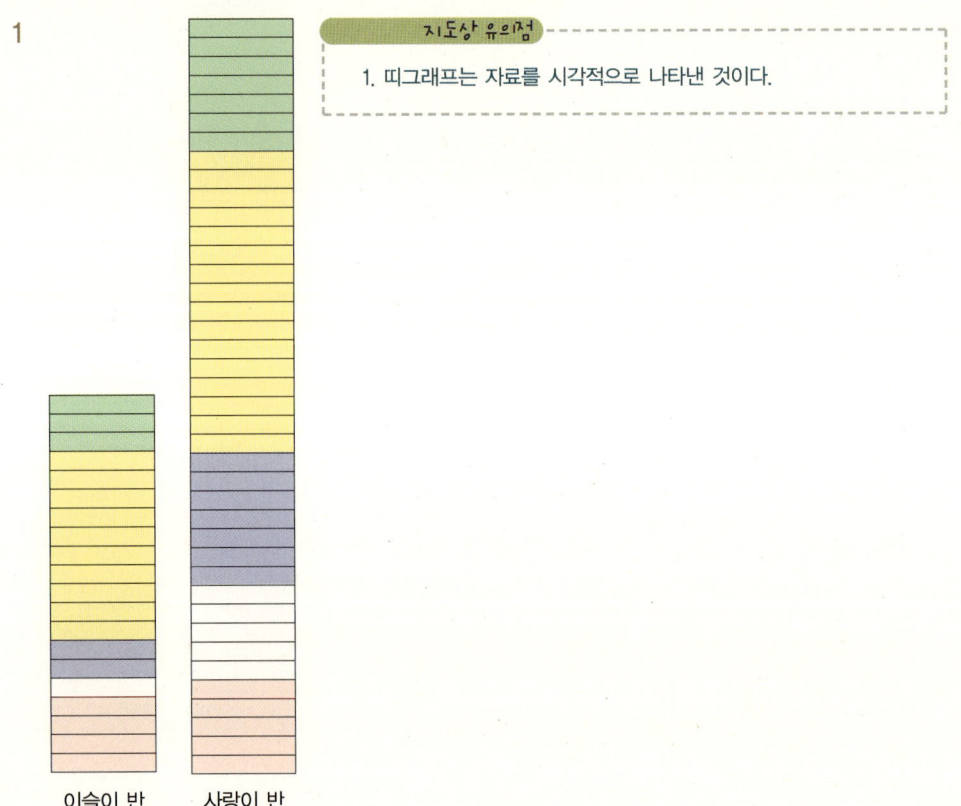

이슬이 반   사랑이 반

> 지도상 유의점
>
> 1. 띠그래프는 자료를 시각적으로 나타낸 것이다.

2 다양한 답이 가능하다.

    예 표를 보니까 우리 반 아이들이 너희 반 아이들보다 바비큐를 더 많이 먹고 싶어하는구나.

3 다양한 답이 가능하다.

    예 절대적 비교 – 이슬이 반 20명 중에서 김밥을 먹고 싶어하는 학생은 3명이고, 사랑이 반 40명 중에서 김밥을 먹고 싶어 하는 학생은 7명이므로, 사랑이 반 학생이 김밥을 더 먹고 싶어한다.

    예 상대적 비교 – 이슬이 반의 경우는 $\frac{3}{20}$으로 분수막대에서 $\frac{3}{20}=\frac{6}{40}$인 반면, 사랑이 반의 경우는 $\frac{7}{40}$이므로 사랑이 반 학생이 김밥을 더 먹고 싶어한다.

4 다양한 답이 가능하다.

    예 상대적 비교 – 이슬이 반에서 20명 중 10명, 즉 절반이 바비큐를 좋아한 반면, 사랑이 반의 경우는 40명 중 16명(절반보다 적은 수)이 좋아하므로 이슬이 반 학생들이 바비큐를 더 좋아한다.

    예 절대적 비교 – 사람 수로만 보면 사랑이 반 학생들이 바비큐를 더 좋아한다.

    지도상 유의점
    3~4. 절대적 비교의 결과는 상대적 비교의 결과와 다르다는 것을 다시 한 번 학생들에게 알려 준다.

5 이슬이 반 : 김밥 $\frac{3}{20}$, 바비큐 $\frac{10}{20}$, 카레 $\frac{2}{20}$, 샌드위치 $\frac{1}{20}$, 햄부대찌개 $\frac{4}{20}$

    사랑이 반 : 김밥 $\frac{7}{40}$, 바비큐 $\frac{16}{40}$, 카레 $\frac{7}{40}$, 샌드위치 $\frac{5}{40}$, 햄부대찌개 $\frac{5}{40}$

〈학생의 사례〉

6 띠그래프의 칸 수를 같게 만들면 비교하기 좋다.

7 (1) 40칸. 이슬이 반 20명을 2배로하면 40명이 되므로, 사랑이 반의 띠그래프와 길이가 같아진다.

(2) 이슬이 반의 경우 학생 1명을 두 칸으로 칠하고, 사랑이 반의 경우는 학생 1명을 한 칸으로 된다.

(3)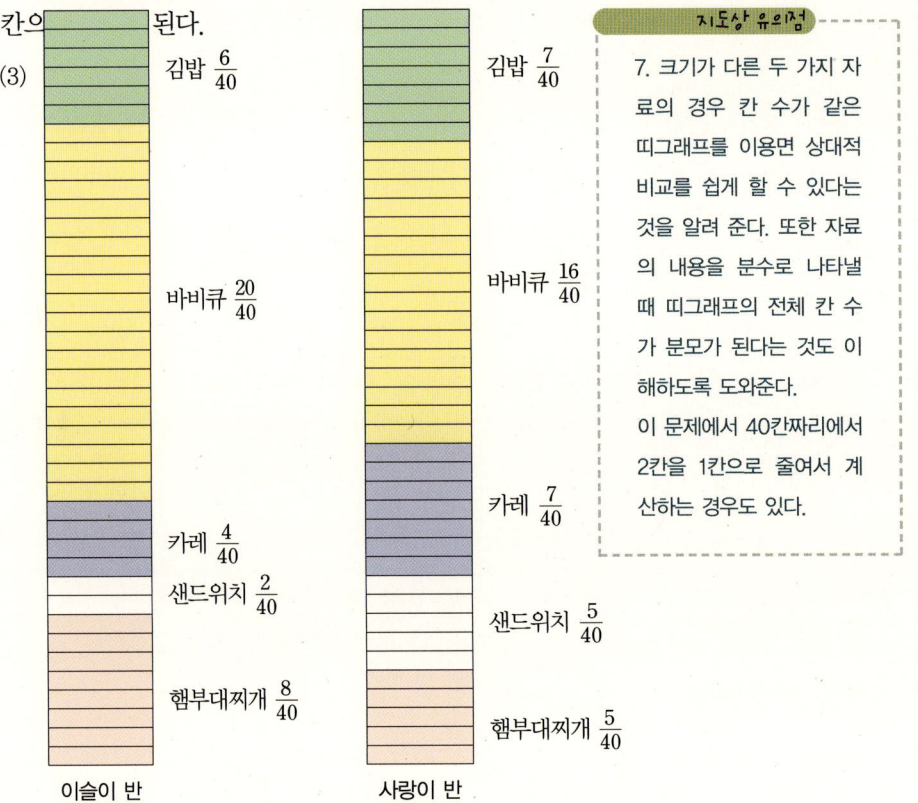

> **지도상 유의점**
>
> 7. 크기가 다른 두 가지 자료의 경우 칸 수가 같은 띠그래프를 이용면 상대적 비교를 쉽게 할 수 있다는 것을 알려 준다. 또한 자료의 내용을 분수로 나타낼 때 띠그래프의 전체 칸 수가 분모가 된다는 것도 이해하도록 도와준다.
> 이 문제에서 40칸짜리에서 2칸을 1칸으로 줄여서 계산하는 경우도 있다.

(4) 다양한 답이 가능하다.

예 이슬이 반의 $\frac{1}{2}$은 10명이고, 사랑이 반의 $\frac{1}{2}$은 20명이다.

8 (1)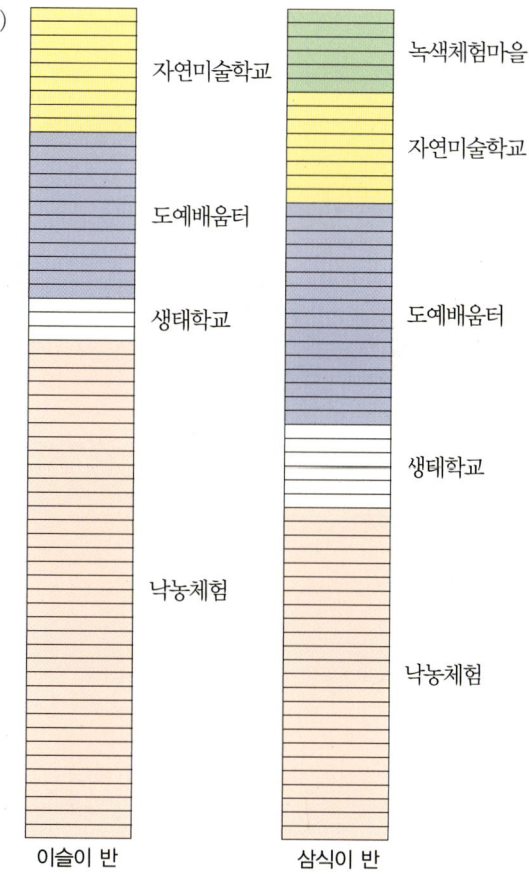

(2)

	이슬이 반	삼식이 반
녹색체험마을	$\frac{0}{20}$	$\frac{3}{30}$
자연미술학교	$\frac{3}{20}$	$\frac{4}{30}$
도예배움터	$\frac{4}{20}$	$\frac{8}{30}$
생태학교	$\frac{1}{20}$	$\frac{3}{30}$
낙농체험	$\frac{12}{20}$	$\frac{12}{30}$

9 (1) 60칸.

이슬이 반 띠그래프의 20칸을 2배로 하면 40칸이 되어 삼식이 반 띠그래프 길이와 같지 않다. 반면에 20칸을 3배로 하면 60칸이 되고, 삼식이 반 30칸을 2배로 하면 60칸이 되므로 길이가 같아진다.

(2) 이슬이 반 3칸, 삼식이 반 2칸

(4) 다양한 답이 가능하다.

예 이슬이 반은 전체의 $\frac{3}{5}$이 낙농체험을 원했고, 삼식이 반은 전체의 $\frac{2}{5}$가 낙농체험을 원했다.

지도상 유의점

8~9. 상대적 비교를 하기 위해 띠그래프의 칸 수가 같아야 한다는 것을 이해시키고, 칸 수를 몇으로 할 것인지 친구들과 토의하여 결정하도록 한다.

10 20명 중 $\frac{1}{4}$이므로 5명이다.

> **지도상 유의점**
> 10. 20의 $\frac{1}{4}$은 다음과 같은 방법으로 찾을 수 있다. 먼저 칸 수가 20개인 띠그래프를 만든 다음 네 부분으로 나눈다. $\frac{1}{4}$이 네 부분 중 한 부분을 뜻하므로 여기에 해당하는 칸 수를 세면 5개가 나온다.

11 소라고 답변한 친구 : $\frac{20}{2}$, 말이라고 답변한 친구 : $\frac{20}{2}$.

> **지도상 유의점**
> 11. 이 문제는 분모가 다른 두 분수를 더하는 것으로 띠그래프 모델은 학생들이 전통적인 알고리즘을 사용하지 않고, 분모가 다른 분수를 더하는 과정을 개념적으로 이해하도록 하는 기회를 제공한다.

12 다양한 답이 나올 수 있다.

예 6명, 12명, 18명, 24명 등.

이유 : 2와 3, 6으로 나누어지는 수는 모두 답이 될 수 있다. 3으로 나누어지는 수는 3, 6, 9, 12, 15 등인데 그 중에서 2로도 나누어지는 수는 6, 12, 18 등이다. 이 수들은 모두 6으로도 나누어지므로 답이 된다.

연습 문제

1 다양한 답이 나올 수 있다.

예 15, 30, 45, 60 등.

이유 : 3으로 나누어지는 수는 3, 6, 9, 15, 18, 21, 24, 27, 30 등이 있는데, 그 중 5로도 나누어지는 수는 15, 30 등으로 이 수들은 15로 나누어지는 수들이다.

2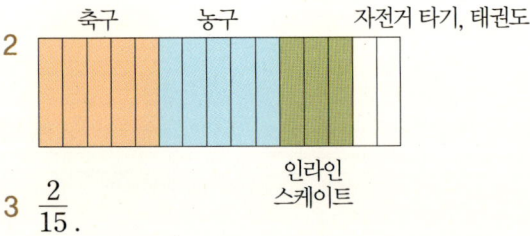

3 $\frac{2}{15}$.

상상+논술

예 미아는 학교에서 수학 숙제로 내준 주스 180㎖가 세 등분하면 $\frac{1}{3}$은 몇㎖인지 알아보라는 응용 숙제를 빨리 하려고 집으로 달려갔습니다. 또 용돈을 모아서 산 집에 있는 오렌지 주스 1통이 가득 차 있는 '맛나다 주스'를 먹으려고 가고 있기도 하고요. 그런데 집에 도착해서 '맛나다 주스'를 꺼내니 $\frac{1}{2}$ 이상이 줄어 있었지요. 알고 보니 남동생 미국이가 먹은 거지요. 미아는 화가 머리끝까지 뻗쳐 미국이가 얼마만큼 먹었는지 원래 주스 양을 살펴보기로 했어요. 주스의 원래 양은 180㎖.

다행히도 주스는 3등분으로 먹은 것이었어요. 그럼 3등분 중 1은 60㎖, 미국이가 마신 주스의 양은? 3분의 2니까 120㎖. '미국이, 너 오늘 죽었어.' 하고 생각한 미아는 미국이에게 2주일 동안 방청소를 시켰어요. 원래는 2달인데 동생이라고 봐 준다고 하네요.

예 사복이네 가족은 내일 가족 캠프를 간다고 해요. 어머니가 싸 주신 과일, 쿠키, 피자, 음료수는 정확히 합해서 모두 몇 개인지 어머니만 아신다고 해요. 이때 말년에 전설의 수학 교사였던 어머니는 사복이와 다른 형제들에게 '이 음식들의 수를 알아 맞춰보렴. 단, 음료수는 너희들이 벌써 다 마셔 버렸으니 쿠키, 피자, 과일의 수만 알아맞히려무나. 정확한 수와 비슷하게 알아맞히면 너희들이 원하는 건 뭐든지 만들어 주마.'

어머니의 말씀이 끝나자마자 일복이, 이복이, 삼복이, 사복이는 열심히 문제를 풀기 시작했어요. 염치없는 일복이는 문제집 정답지를 뒤지다가 어머니에게 들켜버려 풀지 못했고, 이복이는 남의 것을 훔쳐보다가 들켜 버렸죠. 삼복이와 사복이는 다행히도 열심히 풀고 있고요. 그런데 삼복이와 사복이는 서로 똑같이 전체를 12로 생각하고, 쿠키와 과일은 4로, 피자는 3으로 생각했어요. 어머니께 이걸 말씀드렸더니, 어머니는 삼복이와 사복이가 원하는 것을 만들어 주셨고, 일복이와 이복이에겐 벌 딱지를 주셨어요.

> **지도상 유의점**
> 전체 양을 보고, 분수를 이용해 남아 있는 부분의 양을 추정해 본다.
> 원그래프 읽기.

네 번째 이야기_ 커졌다? 작아졌다?

이 단원에서는 분모가 다른 분수를 비교하거나 더하기, 빼기 문제를 해결하기 위해 칸이 똑같이 분할된 띠그래프와 분할되지 않은 띠그래프의 사용법을 소개한다. 또 분모가 다른 분수를 동시에 띠그래프에 나타내 보면서 두 분수의 공통된 분모를 찾는 과정을 알아본다. 비율표를 사용하여 분수를 계산하는 방법도 소개한다. 예를 들어 요리책을 보면서 음식을 만들 때, 비율표를 사용하여 사람 수에 따라 변하는 각 재료의 양을 계산할 수 있다. 이 비율표를 통해 분수의 곱셈 방법을 알아본다.

1. 인터넷 속에도 목장이 있네

1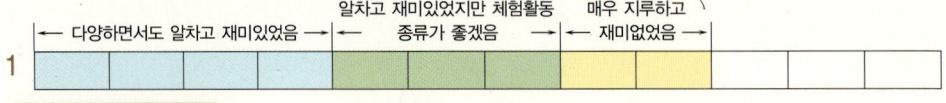

> 지도상 유의점
>
> 1. 조사 결과를 띠로 나타낼 때 분수를 이용하거나, 분모를 통분하여 각 응답 내용에 해당하는 사람 수를 구하여 나타낼 수도 있다. 나타내는 방법에 대해 제한하지 않도록 한다.

2 $\frac{7}{12}$.

> 지도상 유의점
>
> 2. 학생들이 정답을 구하기 전에 먼저 재미있었다고 답한 사람들이 응답자의 $\frac{1}{3}$과 $\frac{1}{4}$임을 알고 있는지 확인한다.

3 (1) 12칸, 24칸, 36칸 등.

(2)

(3) $\frac{1}{12}$ 또는 $\frac{1}{12}$과 같은 분수.

> **지도상 유의점**
>
> 3. (1) 분모가 다른 두 분수를 동시에 나타낼 수 있는 띠그래프의 칸 수는 두 분수의 공통된 분모를 의미한다는 것을 학생들이 인지하고 있는지 확인한다.
> (2) 띠그래프에 색칠을 할 때는 칸을 나눠서 할 수도 있고, 또는 칸을 나누지 않고 비례하여 색칠할 수도 있다. 비례하여 색칠할 때는 해당 내용의 인원수를 정확히 알기가 어려우므로 다음과 같이 인원 수를 써넣도록 한다.
>
>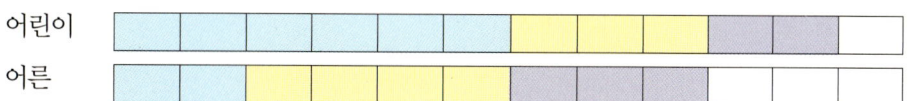
>
> (3) $\frac{2}{24}$, $\frac{3}{36}$ 등과 같이 $\frac{1}{12}$과 같은 분수로 나타낼 수 있음을 이야기한다. 또 분모가 다른 분수를 비교할 때는 길이가 같은 띠그래프가 유용하다는 것을 알려 준다.

4 (1) 12칸, 24칸, 36칸 등.

(2) $\frac{1}{12}$.

5 어린이와 어른의 경우를 띠그래프로 나타내면 다음과 같다.

두 띠그래프에 색칠되지 않은 칸이 있다. 따라서 분수들의 합이 1이 되지 않는다.

> **지도상 유의점**
>
> 5. 띠그래프로 나타내면 쉽게 확인할 수 있음을 알려 준다.

6 (1) 어린이 / 어른

(2) $\frac{1}{12}$.

(3) $\frac{3}{12} = \frac{1}{4}$.

> **지도상 유의점**
>
> 6. 칸이 나눠진 띠그래프나 나누어지지 않은 띠그래프를 이용할 수 있다.

7 (1) $\frac{15}{12}$ 또는 $1\frac{3}{12}$.

(2) 띠그래프의 칸 수가 같아야 더할 수가 있는데 2, 3, 4, 6으로 나누어지는 것은 12, 24 등의 수이다. 만약 12칸으로 띠그래프를 그리면 쭉쭉 우유 짜기는 6칸, 질겅질겅 사료 주기는 2칸, 두근두근 송아지 우유 주기는 4칸, 사르르르 우유 아이스크림 만들기는 3칸을 차지한다. 이 칸들을 모두 더하면 12칸보다 많은 15칸이 된다.

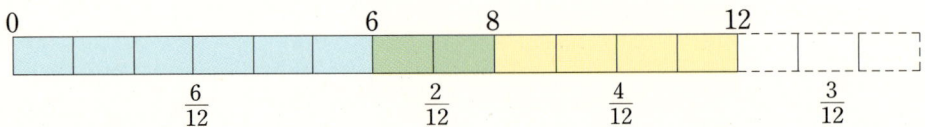

따라서 $\frac{6}{12}+\frac{2}{12}+\frac{4}{12}+\frac{3}{12}$은 $\frac{15}{12}$가 된다.

> **지도상 유의점**
>
> 7. 이 문제는 1보다 큰 분수인 대분수를 다루고 있어 학생들이 어려워할 수 있다. 학생들이 이 문제를 해결하기 위해 다양한 전략, 즉 12칸으로 되어 있는 띠그래프, 분할하지 않은 띠그래프, 분수의 덧셈 등을 모두 사용할 수 있도록 한다.

2. 요리쿵 조리쿵!

1 6인분이므로 각 재료의 양을 3배로 하거나 2인분을 3번 더하면 된다.

따라서 햄은 $100g \times 3 = 300g$, 또는 $100g + 100g + 100g = 300g$으로 계산하면 된다.

베이컨은 5장$\times 3 = $15장, 또는 5장$+$5장$+$5장$=$15장으로 계산하면 된다.

> **지도상 유의점**
>
> 비율표는 분수 계산을 할 때 유용한 도구로, 여기에서는 사람 수에 따라 변하는 각 재료의 양을 구할 때 사용한다.
>
> 문제 풀이에 앞서 요리에 대한 이야기를 하는 것도 좋다. 요리해 본 경험이 있는지, 있다면 무엇을 만들었는지, 요리책에서 요리법을 본 적이 있는지 학생들에게 물어보면서 문제에 호기심을 갖도록 만든다.
>
> 1. 요리법에 나온 재료의 양이 2인분임에 주의한다. 학생들이 다양한 방법으로 구하도록 한다.

2 6인분의 김치는 2인분의 3배이다. 즉, $\frac{1}{2} \times 3$이다. 한편, 6인분은 2인분 +2인분 +2인분이므로 $\frac{1}{2}+\frac{1}{2}+\frac{1}{2}=\frac{3}{2}$이다. 따라서 $\frac{1}{2} \times 3=\frac{3}{2}$이다.

> **지도상 유의점**
>
> 2. 6인분의 김치가 '2인분을 3배 한 것'과 '2인분을 3번 더한 것'과 같다는 사실을 이해시킨다. 식을 쓰기 전에 학생들과 말로 표현해 보는 것도 도움이 된다.

3 (1) 사랑이 : 2명의 사람 수에 3을 곱하여 6명을 만들고 다시 2를 곱하여 12명을 만든 것처럼, 두부 2인분은 $\frac{1}{3}$ 모이므로 먼저 3을 곱하여 6인분($\frac{1}{3} \times 3=\frac{3}{3}=1$)을 구했어. 그런 다음 6인분에 2를 곱하여 12인분($1 \times 2=2$)을 구했지.

팔복이 : 2명의 사람 수에 6을 곱하여 12명을 만든 것과 같은 방법으로, 두부 2인분($\frac{1}{3}$ 모)에 6을 곱하여 12인분 ($\frac{1}{3} \times 6=2$모)을 구했어.

(2) $\frac{1}{3} \times 3$은 $\frac{1}{3}$이 3개 더해진 것으로 $\frac{1}{3}+\frac{1}{3}+\frac{1}{3}=\frac{3}{3}$ 이다. 즉, 1이 된다. $\frac{1}{3} \times 6$은 $\frac{1}{3}$이 6개 더해진 것으로 $\frac{1}{3}+\frac{1}{3}+\frac{1}{3}+\frac{1}{3}+\frac{1}{3}+\frac{1}{3}=\frac{6}{3}$이다. 즉, 2가 된다.

> **지도상 유의점**
>
> 3. (1) 사람 수와 재료에 각각 수를 곱하여 구했음을 인지시킨다.

4 $\frac{1}{3} \times 6=\frac{1}{3}+\frac{1}{3}+\frac{1}{3}+\frac{1}{3}+\frac{1}{3}+\frac{1}{3}$이고,

분수 막대에서 $\frac{1}{3}+\frac{1}{3}+\frac{1}{3}+\frac{1}{3}+\frac{1}{3}+\frac{1}{3}=\frac{6}{3}$이므로,

0			1			2
$\frac{1}{3}$	$\frac{1}{3}$	$\frac{1}{3}$	$\frac{1}{3}$	$\frac{1}{3}$	$\frac{1}{3}$

$\frac{1}{3} \times 6=\frac{6}{3}=\frac{1 \times 6}{3}$임을 알 수 있다.

> **지도상 유의점**
>
> 4. 학생들이 다양한 방법을 사용하여 설명할 수 있도록 한다. 앞에서 배운 분수 막대를 사용하여 $\frac{1}{3}+\frac{1}{3}+\frac{1}{3}+\frac{1}{3}+\frac{1}{3}+\frac{1}{3}=\frac{6}{3}$임을 이해시키는 것도 도움이 될 것이다.
>
> | 0 | | | 1 | | | 2 |
> |---|---|---|---|---|---|---|
> | $\frac{1}{3}$ | $\frac{1}{3}$ | $\frac{1}{3}$ | $\frac{1}{3}$ | $\frac{1}{3}$ | $\frac{1}{3}$ |

5 18인분 부대찌개.

사람 수	햄	소시지	베이컨	김치	두부	스파게티 국수	곤약	육수
2명	100g	2개	5장	$\frac{1}{2}$ 포기	$\frac{1}{3}$ 모	50g	70g	4컵
6명	300g	6개	15장	$\frac{3}{2}$ 포기	1모	150g	210g	12컵
18명	900g	18개	45장	$\frac{9}{2}$ 포기	3모	450g	630g	36컵

÷3 (2명→6명), ÷3 (6명→18명)

지도상 유의점

5. 개인별로 또는 모둠별로 활동지를 채운 다음 전체 학생들과 친구들의 다양한 계산 방법에 대해 이야기해 본다.

6 각각 표를 완성하면 다음과 같다.

사람 수	떡볶이(접시)	김밥(줄)	돈가스(조각)
2명	1	2	$\frac{1}{2}$
8명	$1 \times 4 = 4$	$2 \times 4 = 8$	$\frac{1}{2} \times 4 = \frac{4}{2} = 2$

사람 수	바나나(조각)	우유(컵)	파인애플(조각)
1명	$\frac{1}{3}$	$\frac{1}{2}$	$\frac{1}{4}$
4명	$\frac{1}{3} \times 4 = \frac{4}{3}$	$\frac{1}{2} \times 4 = \frac{4}{2} = 2$	$\frac{1}{4} \times 4 = \frac{4}{4} = 1$

사람 수	치킨(조각)	주스(컵)	피자(조각)
2명	5	1	$\frac{1}{3}$
6명	$5 \times 3 = 15$	$1 \times 3 = 3$	$\frac{1}{3} \times 3 = \frac{3}{3} = 1$

지도상 유의점

6. 앞에서 학습한 내용을 상기하면서 문제를 해결해 보도록 한다.

3. 분수 나라의 앨리스

1 다양한 답이 가능하다.

> 예 앨리스는 책을 읽다가 허겁지겁 뛰어가는 토끼를 보았다. 호기심에 그 토끼를 따라간 앨리스는 이상한 모험을 하게 된다. 앨리스는 이상한 나라에서 어떤 것을 먹고 작아졌다 커졌다 한다. 앨리스는 이상한 나라에서 애벌레, 쥐, 고양이, 새우, 여왕, 재판관, 토끼, 카드 병사 등을 만나며 모험을 한다. 마지막에는 앨리스가 잠에서 깨는 내용이다. 난 이 앨리스의 꿈이 재밌을거라고 생각하고, 나도 그런 꿈을 꿀 수 있다면 좋겠다.

2 (1) (가) 300cm. (나) 450cm. (다) 750cm.
  (2) (가) 150×2. (나) 150×3. (다) 150×5.
  (3) 1이 적힌 과자를 먹어야 한다.

3 (1) (가) 75cm. (나) 50cm. (다) 30cm.
  (2) (가) $150 \times \frac{1}{2}$. (나) $150 \times \frac{1}{3}$. (다) $150 \times \frac{1}{5}$.

> **지도상 유의점**
> 2~3. '♥배'는 '×♥'을 의미함을 충분히 이해시킨다. 이때 ♥에 해당하는 수는 정수뿐만 아니라 분수도 사용할 수 있음을 알려 준다.

4 $150 \times \frac{3}{2}$.

5 (1) 이슬이는 먼저 $\frac{1}{2}$배를 하여 150cm의 절반인 75cm를 구했고, 그 다음 $1+\frac{1}{2}=\frac{3}{2}$인 것을 이용하여 $150+75=225$를 구했다.
  (2) 3배.

6 (1) $150 \times \frac{2}{3}$.
  (2)

과자와 요술병에 적힌 숫자	1	$\frac{1}{3}$	$\frac{2}{3}$
앨리스의 키(cm)	150	50	100

($\times \frac{1}{3}$, $\times 2$)

4. 포장을 예쁘게

1 (1) $2 \times \dfrac{3}{4}$.

   (2)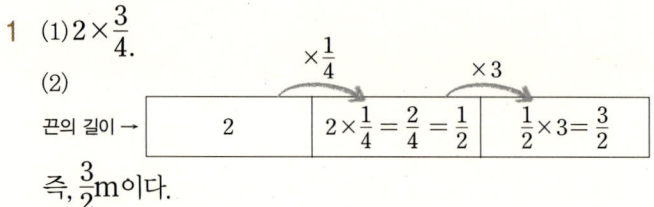

   즉, $\dfrac{3}{2}$m이다.

2 전체 상자에서 프레스 햄은 $\dfrac{1}{3}$을 차지한다.

   > 지도상 유의점
   > 2. 프레스 햄이 들어갈 부분이 전체 상자에서 얼마만큼 차지하는지 생각해 보게 한다.

3 육영이 말은 틀렸다. 프랑크 소시지는 선물 상자에 6개 덩어리가 들어갈 수 있다. 즉, $\dfrac{1}{6}$ 정도 되는데 $\dfrac{2}{5}$는 너무 크다.

4 (1) 두 소시지는 전체에서 3등분한 것 중 한 부분이므로 세 개로 쪼갠다.

   (2)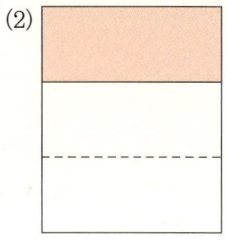

   (3) $\dfrac{1}{3}$.

5 (1) 프랑크 소시지는 살라미 소시지와 크기가 같으므로 반으로 나눈다.

   (2)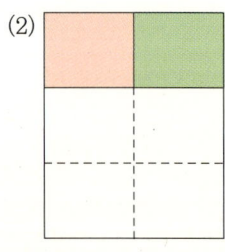

   > 지도상 유의점
   > 5. (3) 프랑크 소시지가 들어갈 부분이 전체의 크기에 비해 얼마만큼 차지하는지 생각해 보게 한다.
   > (4) 프랑크 소시지가 들어갈 부분이 두 종류의 소시지가 들어갈 부분의 $\dfrac{1}{2}$에 해당하는 것을 인식하고 이를 식으로 나타내 보게 한다.

   (3) $\dfrac{1}{6}$.

   (4) $\dfrac{1}{3} \times \dfrac{1}{2}$.

6 (1) 로스햄은, 전체를 3등분 한 것 중의 한 부분을 5등분 한 다음 그 중 네 부분을 차지한다. 따라서 선물 상자 밑면을 3개로 나눈 다음 그 중 5개 칸으로 나누어 4개 칸에 색칠한다.

(2)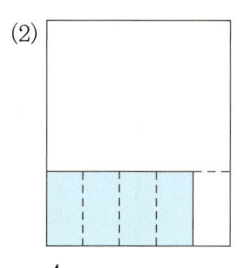

> 지도상 유의점
> 6. 로스햄이 들어갈 부분을 알아보기 위해 상자 밑면을 어떻게 나누어야 하는지 친구들과 토론해 보도록 한다.

(3) $\dfrac{4}{15}$.   (4) $\dfrac{1}{3} \times \dfrac{4}{5}$.

7 (1) $\dfrac{3}{4} \times \dfrac{1}{2}$.

(2) $\dfrac{3}{8}$.

8 $1 + 1 + \dfrac{3}{4} + \dfrac{3}{4} + \dfrac{1}{2} + \dfrac{3}{8} = 4\dfrac{3}{8}$.

9 $1\dfrac{3}{4} \times 2\dfrac{1}{2}$.

> 지도상 유의점
> 9. 다양한 방법으로 계산해 보게 한다.

5. 우유의 화려한 변신

1 $6000\text{kg} \times \dfrac{1}{6} = 1000\text{kg}$.

2 틀렸다.

원유의 $\dfrac{1}{2}$은 사람들이 마실 수 있는 우유로 만들고, 이 원유 중 $\dfrac{1}{5}$로 요구르트를 만들기 때문에, 전체 원유 중 요구르트를 만드는 양은 $\dfrac{1}{2} \times \dfrac{1}{5} = \dfrac{1}{10}$이다.

3 | 우유 $\dfrac{1}{2}$ | 분유 $\dfrac{1}{3}$ | 치즈 $\dfrac{1}{6}$ |

4 (1) 요구르트의 양.

| 우유 $\dfrac{1}{2}$ | 요구르트 | 분유 $\dfrac{1}{3}$ | 치즈 $\dfrac{1}{6}$ |

(2) $\frac{1}{2} \times \frac{1}{5}$.

5 다양한 답이 가능하다.

예 목장에서 나오는 원유는 하루에 6톤 가량 됩니다. 이 원유로 모두 우유를 만드는 것은 아닙니다. 원유의 $\frac{1}{2}$로 우유를, $\frac{1}{3}$로 분유를, $\frac{1}{6}$로 치즈나 버터를 만들지요. 특히 요구르트는 우리가 마시는 우유 중 $\frac{1}{5}$로 만드는데 원유의 $\frac{1}{10}$을 차지합니다.

6 (1) $\frac{1}{8}$.

(2) 토요 휴업일에 혼자 있는 학생은 전체의 $\frac{1}{4}$이고, 그 중 $\frac{1}{2}$이 책을 읽거나 숙제를 하므로 $\frac{1}{4} \times \frac{1}{2} = \frac{1}{8}$이다.

7 (1) $\frac{5}{16}$.

(2) 휴대전화가 필요하다는 학생은 전체의 $\frac{1}{2}$이고, 그 중 사진 찍기를 할 것이라고 대답한 학생은 $\frac{5}{8}$이다. 따라서 $\frac{1}{2} \times \frac{5}{8} = \frac{5}{16}$이다.

> **지도상 유의점**
> 6~7. 문제를 해결하면서 $\frac{1}{2}$의 $\frac{1}{5}$, $\frac{1}{4}$의 $\frac{1}{2}$, $\frac{1}{2}$의 $\frac{5}{8}$를 곱셈 기호를 사용하여 나타낼 수 있음을 인식시킨다.

연습 문제

1 치즈 만들 때 필요한 재료의 분량

재료 \ 사람 수	3명	육영이네 6명	이슬이네 2명	동철이네 10명
우유(g)	800	1600	$\frac{1600}{3}$	$\frac{8000}{3}$
생크림(g)	450	900	300	1500
레몬즙(작은술)	6	12	4	20
소금(작은술)	$\frac{1}{2}$	1	$\frac{1}{3}$	$\frac{5}{3}$

2 7인용 치즈 만들 때 필요한 재료의 분량

예 위의 표에서 동철이네 10명에서 3인분 재료를 빼면 된다. 우유 $\frac{8000}{3} - 800 = \frac{5600}{3}$, 생크림 $1500 - 450 = 1050$, 레몬즙 $20 - 6 = 14$, 소금 $\frac{3}{5} - \frac{1}{2} = \frac{7}{6}$

예 새로운 표 이용하기

사람 수 재료	3명	1명	선물용 7명
우유(g)	800	$\frac{800}{3}$	$\frac{5600}{3}$
생크림(g)	450	150	1050
레몬즙(작은술)	6	2	14
소금(작은술)	$\frac{1}{2}$	$\frac{1}{6}$	$\frac{7}{6}$

(3명 → 1명: $\times \frac{1}{3}$, 1명 → 선물용 7명: $\times 7$)

상상+논술

예 다른 요리책을 사도 마찬가지야. 4명이 먹을 양이 밀가루 $\frac{3}{4}$컵이기 때문에 6명이면 $\frac{9}{8}$컵이면 돼. 버터는 6명이면 $\frac{3}{4}$컵 준비하면 돼.

예 선생님, 지인이 답이 틀렸어요. 지인이는 분수의 덧셈과 곱셈을 똑같은 방법으로 계산했어요. 분수를 더하려면 분모가 같은 분수로 고쳐야 해요. 그래서 $\frac{1}{3}+\frac{4}{5}=\frac{5}{15}+\frac{12}{15}=\frac{17}{15}$이 돼요.

> **지도상 유의점**
> 앞에서 학습한 내용을 상기하면서 글을 쓰도록 한다.

다섯 번째 이야기_ 백설공주와 일곱 난쟁이

> 이 단원에서는 분수의 개념, '~배'의 용어, 비율표를 사용한 방법에 따른 분수의 나눗셈을 소개한다. 이 과정에서 분수의 곱셈과 나눗셈의 관계에 대하여 알아본다. 또 띠그래프를 이용하여 분모가 같은 진분수의 나눗셈 방법을 살펴보고, 이 방법을 이용하여 분모가 다른 진분수의 나눗셈 방법을 소개한다.

1. 공짜는 맛있어

1 $1컵 \times \dfrac{1}{3}$.

> **지도상 유의점**
> 1. '~배'를 곱셈 기호를 사용하여 나타낼 수 있다는 것을 알려준다.

2 1컵의 분량을 3명에게 나누어 주므로 1컵을 똑같이 세 부분으로 나누면 1명당 마실 분량은 1컵의 $\dfrac{1}{3}$이 된다. 따라서 1명당 마실 분량은 1컵의 $\dfrac{1}{3}$배이므로 $1컵 \times \dfrac{1}{3}$이다.

> **지도상 유의점**
> 2. $\dfrac{1}{3}$배의 의미를 분수 개념을 상기시켜 생각해 보도록 한다.

3 육영이 아빠가 계산한 값은 사랑이 아빠가 계산한 값과 같으므로 $1컵 \div 3$의 값이 $1컵 \times \dfrac{1}{3}$의 값과 같다고 할 수 있다.

> **지도상 유의점**
> 3. 나눗셈과 곱셈의 관계에 대하여 생각하고, 나눗셈을 곱셈으로 바꾸어 쓸 수 있음을 인지시킨다.

4 그림 위에 직접 그린다.

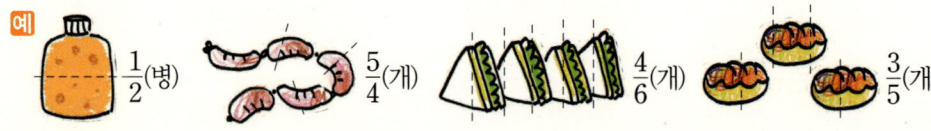

5 1병의 $\frac{1}{2}$배이므로 $1\times\frac{1}{2}=\frac{1}{2}$(병)  5개의 $\frac{1}{4}$배이므로 $5\times\frac{1}{4}=\frac{5}{4}$(개)

4개의 $\frac{1}{6}$배이므로 $4\times\frac{1}{6}=\frac{4}{6}$(개)  3개의 $\frac{1}{5}$배이므로 $3\times\frac{1}{5}=\frac{3}{5}$(개)

6 $1\div2, 5\div4, 4\div6, 3\div5$

7 다양한 답이 가능하다.

　예 샌드위치 4개의 $\frac{1}{6}$배는 4를 6으로 나눈것과 같다는 것을 알 수 있다.

8 ⑴ $\frac{2}{3}\times\frac{1}{3}$.　⑵ $\frac{2}{3}\div3$명.

9

		×3 →	×$\frac{1}{9}$ →
우유(컵)	$\frac{2}{3}$	2	$\frac{2}{9}$
인원 수	3	9	1

지도상 유의점
9. 비율표를 완성하여 8번 문제의 계산이 옳은지 확인해 보도록 한다.

10 3명에게 나누어 줄 양은 $\frac{2}{3}$컵이다. 분수를 없애기 위해 3을 곱하면 2컵이 되고, 이것은 9명이 마실 수 있는 분량이다. 이때 1명이 마실 분량은 9명이 마실 분량의 $\frac{1}{9}$배이므로 값은 $\frac{2}{9}$이다.

　예 우유 $\frac{2}{3}$컵의 $\frac{1}{3}$배는 $\frac{2}{3}$컵을 3으로 나눈 값과 같다는 것을 알 수 있다.

11 다양한 답이 가능하다.

12 ⑴
 $\frac{3}{4}$조각의 $\frac{1}{5}$배이므로 $\frac{3}{4}\times\frac{1}{5}=\frac{3}{20}$(조각).

 $1\frac{3}{5}$컵의 $\frac{1}{4}$배이므로 $\frac{8}{5}\times\frac{1}{4}=\frac{8}{20}$(컵).

 $2\frac{1}{4}$뭉치의 $\frac{1}{6}$배이므로 $\frac{9}{4}\times\frac{1}{6}=\frac{9}{24}$(뭉치).

 $\frac{5}{7}$m의 $\frac{1}{2}$배이므로 $\frac{5}{7}\times\frac{1}{2}=\frac{5}{14}$m.

지도상 유의점
12. 다른 학생들과 토의를 거쳐 나눗셈과 곱셈의 관계에 대하여 정리하는 시간을 갖는다.

⑵
 $\frac{3}{4}\div5$.　 $\frac{8}{5}\div4$.

 $\frac{9}{4}\div6$.　 $\frac{5}{7}\div2$.

13 $\frac{3}{4}$컵 × $\frac{1}{3}$ = $\frac{3}{12}$ = $\frac{1}{4}$컵, $\frac{3}{4}$컵 ÷ 3.

14

요구르트(컵)	$\frac{3}{4}$	3	$\frac{3}{12}$ = $\frac{1}{4}$
인원 수	3	12	1

2. 백설공주 주방장이 되다

1 8그릇.
작은 그릇이 큰 그릇의 $\frac{1}{4}$크기이므로 큰 그릇에 가득 들어 있는 수프는 4개의 작은 그릇에 옮겨 담을 수 있다. 따라서 2개의 큰 그릇에 담긴 수프는 8개의 작은 그릇에 옮겨 담을 수 있다.

2 (전체의 양)을 (1인분의 양)으로 나눈 거예요.

> **지도상 유의점**
> 2. 3번 문제를 해결하기 위한 기초 문제로 제시된 것이므로 여기에서의 나눗셈의 의미를 학생들에게 충분히 이해시킨다.

3 $2 ÷ \frac{1}{4}$.
전체의 양은 2그릇이고, 작은 그릇 1개의 양은 $\frac{1}{4}$그릇이기 때문이다.

> **지도상 유의점**
> 3. 2번 문제의 나눗셈 의미와 관련지어 생각해 보도록 한다.

4 2×4.
1개의 큰 그릇에는 4개의 작은 그릇에 들어 있는 수프를 옮겨 담을 수 있으므로 1×4로 나타낼 수 있다. 따라서 2개의 큰 그릇인 경우는 2×4로 나타낼 수 있다.

5 (1) 5컵.
작은 컵이 큰 컵의 $\frac{1}{5}$크기이므로, 큰 컵에 가득 들어 있는 주스는 5개의 작은 컵에 옮겨 담을 수 있다.
(2) $3 ÷ \frac{1}{5}$.
(3) 3×5.

6 : 6그릇, 남지 않음.　　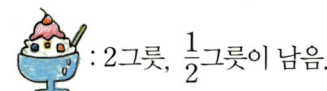 : 2그릇, $\frac{1}{2}$그릇이 남음.

 : 6컵, $\frac{2}{3}$컵이 남음.

7 2그릇.

8 $\frac{1}{4}$그릇.

9 (1) : $2 \div \frac{1}{3}$.　 : $1 \div \frac{2}{5}$.　 : $5 \div \frac{3}{4}$.

　(2) : 2×3.　 : $1 \times \frac{5}{2}$.　 : $5 \times \frac{4}{3}$.

> 지도상 유의점
> 9. 문제를 해결한 후 다른 학생들과 토의하여 나눗셈과 곱셈의 관계에 대하여 충분히 이해하도록 한다.

10 4도막.

$\frac{4}{5}$m를 $\frac{1}{5}$m씩 자르면 다음과 같이 4개의 부분으로 나누어진다.

11 $\frac{4}{5} \div \frac{1}{5}$.

12 같다.

4m를 1m씩 자르면 역시 4개의 부분으로 나누어진다. 따라서 $4 \div 1$의 값은 4로 값이 같음을 알 수 있다.

> 지도상 유의점
> 12. $4 \div 1$의 값을 구하여 $\frac{4}{5}$m $\div \frac{1}{5}$m의 값과 같은가를 확인해 보도록 한다.

13 $\frac{4}{5}$m $\div 7 = \frac{4}{35}$m 또는 5m $\div \frac{1}{7} = \frac{4}{35}$m.

14 2도막.

15 (1) $\frac{1}{2}$도막.　　(2) $\frac{1}{4}$도막.

16 (1) 3도막과 $\frac{1}{2}$도막이 남는다.

$\frac{7}{8}$m의 끈을 $\frac{2}{8}$m씩 자르면 다음과 같이 나누어진다.

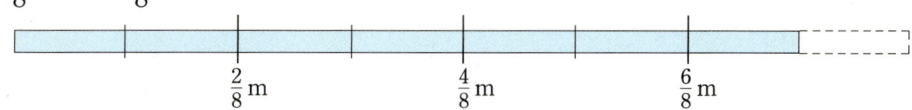

(2) $\frac{7}{8} \div \frac{2}{8}$.

(3) 같다.

7m를 2m씩 자르면 역시 3개의 도막과 $\frac{1}{2}$도막으로 나누어진다. 따라서 7÷2의 값은 $3\frac{1}{2}$로 값이 같음을 알 수 있다.

> **지도상 유의점**
> 16. 문제를 해결한 후 다른 학생들과 분모가 같은 진분수의 나눗셈 방법에 대하여 정리해 본다.

17 (1)

(2)

(3) 1도막과 $\frac{1}{8}$도막이 남는다.

(◆)

(■)

에서 ◆을 ■으로 나누면 ■과 길이가 같은 1도막과 ■ 길이의 $\frac{1}{8}$이 남는다.

(4) $\frac{3}{4} \div \frac{2}{3}$

> **지도상 유의점**
> 17. 다양한 방법으로 생각해 볼 수 있다. 띠그래프를 이용할 수도 있고, 수준이 높은 학생은 과 의 공통분모를 이용하여 구할 수도 있다. 특히 ◆을 ■으로 나눌 때 ◆의 남은 길이를 로 생각하는 오류를 범하지 않도록 ■크기의 얼마인가에 대하여 전체 학생들과 토의를 거쳐 충분히 이해시킨다. 즉, 학생들은 나누는 길이(■)를 1개의 단위로 생각할 수 있어야 하며, ◆의 남은 길이를 이 단위의 얼마에 해당하는가를 이해해야 한다.

18 (1) 12, 24, 36 등.

띠그래프를 이용하여 정확히 $\frac{3}{4}$과 $\frac{2}{3}$를 나타내려면 4와 3으로 동시에 나누어지는 수를 칸수로 나타내야 한다. 따라서 4와 3으로 나누어지는 수는 12, 24, 36… 등이 된다.

(2) $\frac{3}{4}$의 경우 : $\frac{3 \times 3}{4 \times 3}$, $\frac{2}{3}$의 경우 : $\frac{2 \times 4}{3 \times 4}$

(3)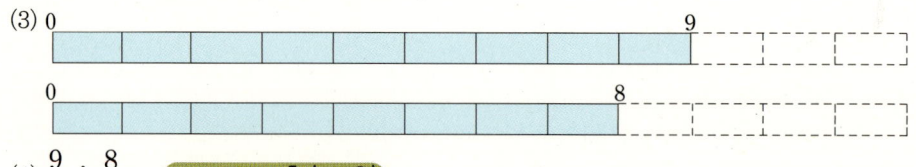

(4)  $\frac{9}{12} \div \frac{8}{12}$.

> **지도상 유의점**
> 18. 분모를 같게 만드는 활동은, 분모가 서로 다른 진분수의 나눗셈을 분모가 같은 진분수의 나눗셈으로 바꾸기 위해서임을 학생들에게 인지시킨다.

19 같다.

앞에서 $\frac{3}{4} \div \frac{2}{3}$의 값과 $\frac{9}{12} \div \frac{8}{12}$의 값이 같다는 것을 알 수 있었다. 마찬가지로 9m를 8m씩 자르면 역시 1개의 도막과 $\frac{1}{8}$도막으로 나누어진다. 따라서 9÷8의 값은 $1\frac{1}{8}$로 값이 같음을 알 수 있다.

20 먼저 매듭실을 $\frac{5}{6}$m와 $\frac{3}{4}$m씩 색칠해 보면 다음과 같다.

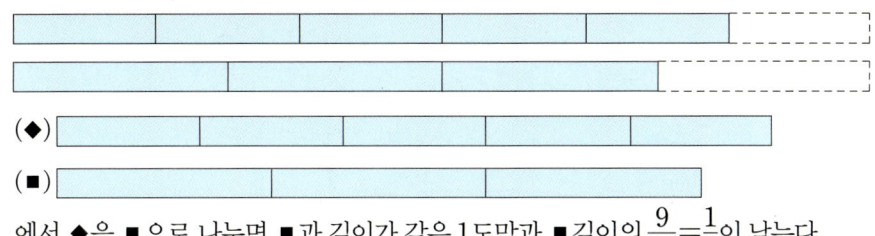

에서 ◆을 ■으로 나누면 ■과 길이가 같은 1도막과 ■ 길이의 $\frac{9}{18} = \frac{1}{9}$이 남는다.

(2) 1도막과 $\frac{1}{9}$도막이 남는다.

(3) $\frac{3}{4} \div \frac{2}{3}$.

21 (1) $\frac{5}{6}$의 경우 : $\frac{5 \times 2}{6 \times 2}$, $\frac{3}{4}$의 경우 : $\frac{3 \times 3}{4 \times 3}$.

띠그래프를 이용하여 정확히 $\frac{5}{6}$와 $\frac{3}{4}$을 나타내려면 6과 4로 동시에 나누어지는 수를 칸 수로 나타내야 한다. 따라서 4와 3으로 나누어지는 수는 12, 24, 36등이 된다. 여기에서는 12칸으로 띠를 나누기로 한다.

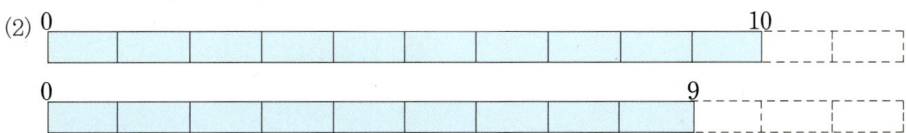

(3) $\frac{10}{12} \div \frac{9}{12}$.

22 10÷9.

지도상 유의점

22. 문제를 해결한 후 다른 학생들과 분모가 다른 두 진분수의 나눗셈 방법에 대하여 정리해 본다.

연습 문제

1. $6\frac{1}{2} \div 2 = \frac{13}{2} \times \frac{1}{2} = \frac{13}{4} = 3\frac{1}{4}$ km.
2. 4곳에 설치할 수 있다.
   $3\frac{1}{4} \div \frac{2}{3} = \frac{13}{2} \times \frac{3}{2} = \frac{39}{8} = 4\frac{7}{8}$.
3. $\frac{7}{8} \times 2 = \frac{7}{4}$ km.
4.

상상+논술

🟧 예 비커에 담긴 $\frac{2}{3}$ ㎖를 4개의 비커에 똑같이 나누려면 $\frac{2}{3} \div 4 = \frac{2}{3} \times 4 = \frac{2}{12}$ ㎖가 되지. 즉, $\frac{1}{6}$ ㎖씩 담으면 돼.

🟧 예 어떤 수로 나누느냐에 따라 큰값도 작아지고 작은 값도 커진다.
따라서 $\frac{9}{12} \div \frac{8}{12}$ 과 $9 \div 8$값은 같다.

> **지도상 유의점**
> 앞에서 학습한 내용을 상기하면서 글을 쓰도록 한다.

'유기농' 수학으로의 초대!

반복적 계산으로 아이들을 싸구려 계산기로 만드는 수학은 당장은 맛있지만 몸에는 해로운 인스턴트 음식과 다르지 않습니다. '생각하는 수학'은 당장은 맛있지 않아도 결국엔 건강을 주는 유기농 식품과도 같습니다. 이 책은 아이들에게 '인스턴트' 수학이 아닌 '유기농' 수학을 가르치고자 하는 고민을 담았습니다.

실제로 경험하는 상황에서 수학적인 원리를 자연스럽게 이끌어 낼 수 있다면 얼마나 좋을까요? 그런 점에서 이 책은 새로운 수학 교육의 모델을 제시하고 있습니다. 개념을 먼저 설명하기보다는 문제를 풀어가면서 아이들이 스스로 수학을 만들어가기 때문입니다. 창의적인 아이로 키우고 싶다면 이 책으로 아이들과 함께 놀면서 수학의 자유를 느껴보시기 바랍니다.
— 이경화, 한국교원대학교 수학교육과 교수

아이들뿐만 아니라 교사들과 부모들도 수학을 새롭게 발견할 수 있는 책! 이 책이라면 수학을 끔찍해 했던 부모들도 수학을 친근하게 생각할 것입니다. 물론 아이들도 학교에서 배우지 못했던 수학적 추론을 이 책으로 경험할 수 있을 것입니다.
— 강완, 서울교육대학교 수학교육과 교수

교육 현장에 있으면서 늘 안타깝게 생각하던 수학 교육에 대해 이 책은 참신한 비전을 보여주고 있습니다. 개념 설명과 문제 풀이로 이어지는 답답한 교육에서 벗어나, 개념을 학생 스스로 만들어가는 과정이야말로 21세기가 요구하는 창의적인 인간을 키울 수 있다고 생각합니다. 학교에서도 학원에서도 수학 교육이 불만족스러웠다면 이 책을 적극 추천합니다.
— 박보영, 광양제철초등학교 교장

우리 생활 속 이야기에 빠져 하나하나 문제를 해결하다보면 나도 모르게 수학의 원리를 익히게 되고 수학적인 사고력도 쑥쑥 늘어나며, '아! 수학이라는 것이 항상 우리 곁에 있는 공기 같은 것이구나'라는 생각을 하게 되는 재미있는 수학책! 이야기하듯 놀이하듯 풀다보면 '어? 우리 생활 속에서 무심코 하던 이 모든 것이 수학에서 나온 것이란 말이야?'하는 생각을 하게 되는 재미있는 수학책! 여러분들이 이 책으로 공부한다면 수학 때문에 머리 아플 일은 없을 것입니다.
— 심옥령, 영훈초등학교 교감

다시 가슴이 먹먹해진다

– 소설가 김인숙

꼬마악동 제제의 슬프고 아름다운 동화

초등학생을 위한 **나의 라임오렌지나무**
J. M. 바스콘셀로스 지음 | 박동원 옮김 | 최수연 그림 | 9,000원

너무도 일찍 슬픔을 발견한 다섯 살 꼬마 제제의
가슴 저미는 이야기

나의 라임오렌지나무, 두 번째 이야기

초등학생을 위한 **햇빛사냥** ❶❷
J. M. 바스콘셀로스 지음 | 박원복 옮김 | 최수연 그림 | 각권 7,500원

낯선 곳으로 입양되어 겪는 가족과의 갈등, 사랑의 슬픔,
미래에 대한 불안 등 제제의 십대 시절 이야기

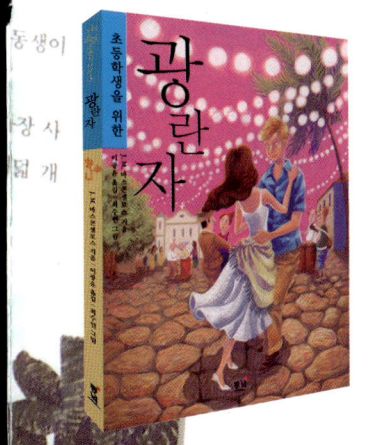

나의 라임오렌지나무, 세 번째 이야기

초등학생을 위한 **광란자**
J. M. 바스콘셀로스 지음 | 이광윤 옮김 | 최수연 그림 | 7,500원

열아홉 제제에게 찾아온 지독한
사랑의 열병과 뿌리치기 힘든 방랑의 유혹!

memo